Bible Word Search

Collection #11

BARBOUR
PUBLISHING, INC.
Uhrichsville, Ohio

ISBN 1-57748-372-3

All Scripture references are from the Authorized King James Version of the Bible.

Bonus Trivia questions are taken from *Church Challenge* by Marvin Hinten, published by Barbour Publishing, Inc., Uhrichsville, OH 44683.

Published by Barbour Publishing, Inc., P.O. Box 719, Uhrichsville, Ohio 44683 http://www.barbourbooks.com

Member of the Evangelical Christian Publishers Association

Printed in the United States of America.

Bible Word Search

Collection #11

1

Pam Powell

Caught Up in a Whirlwind
(2 Kings 2:1–11)

BETHEL
CHARIOT
DIVIDED
DOUBLE
DRY
ELIJAH
ELISHA
FIFTY
FIRE
GILGAL
GROUND
HARD
HEAD
HEAVEN
HORSES
JERICHO
JORDAN
LEAVE
LIVETH
LORD
MANTLE
MASTER
PORTION
PROPHETS
SMOTE
SONS
SOUL
SPIRIT
TWO
VIEW
WATERS
WHIRLWIND
WRAPPED

G	F	B	H	J	E	R	I	C	H	O	H	S	E	H
D	I	I	J	A	O	O	S	L	O	R	D	R	E	L
I	P	L	F	O	R	E	J	T	W	R	I	A	V	I
V	O	C	G	T	R	D	L	H	E	F	D	L	I	V
I	R	S	D	A	Y	D	I	I	L	H	J	K	E	E
D	T	L	R	A	L	R	A	D	J	E	P	F	W	T
E	I	U	Y	Z	L	T	O	N	H	A	H	O	X	H
D	O	O	G	W	O	U	X	H	M	E	H	T	R	L
I	N	S	I	I	B	C	O	A	M	G	A	A	E	P
O	R	N	R	L	A	R	N	S	R	A	M	V	F	B
W	D	A	E	H	S	T	P	O	E	E	S	A	E	L
T	H	E	S	E	L	I	U	T	Y	B	V	T	T	N
C	K	I	S	E	R	N	O	S	O	N	S	A	E	X
Z	L	D	I	I	D	M	W	A	T	E	R	S	E	R
E	D	E	T	H	S	W	R	A	P	P	E	D	P	L

Bonus Trivia

According to early church leader Tertullian (c. 200), why should men not shave?

Men who shave are saying they can make themselves look better than God did.

2

George Wayne Braun

Precious Things

AGATE	FRANKINCENSE
ALMUG	GOLD
ALOES	JACINTH
AMETHYST	JASPER
BERYL	LIGURE
BRASS	MYRRH
CARBUNCLE	ONYX
CASSIA	PEARL
CHALCEDONY	RUBY
CHRYSOLITE	SAPPHIRE
CHRYSOPRASE	SARDIUS
CINNAMON	SARDONYX
CONFECTION	SILVER
CRYSTAL	SPICE
DIAMOND	SPIKENARD
EMERALD	TOPAZ

F	M	Y	R	R	H	A	M	E	T	H	Y	S	T	C
C	R	C	A	R	B	U	N	C	L	E	S	S	E	I
C	H	A	L	C	E	D	O	N	Y	G	O	L	D	N
O	R	R	N	O	N	Y	X	L	I	G	U	R	E	N
N	S	Y	Y	K	X	J	J	Y	B	R	A	S	S	A
F	A	S	S	S	I	J	A	C	I	N	T	H	B	M
E	R	A	I	T	O	N	R	S	E	R	U	B	Y	O
C	D	R	L	S	A	L	C	K	P	R	U	A	C	N
T	O	D	V	P	M	L	I	E	M	E	R	A	L	D
I	N	I	E	I	W	P	T	T	N	V	R	L	N	I
O	Y	U	R	C	S	A	L	O	E	S	H	M	U	A
N	X	S	S	E	G	B	E	R	Y	L	E	U	M	M
U	V	P	E	A	R	L	T	O	P	A	Z	G	L	O
S	A	P	P	H	I	R	E	C	A	S	S	I	A	N
C	H	R	Y	S	O	P	R	A	S	E	J	L	Y	D

Bonus Trivia

In His Steps is the best-selling religious novel in history. To the nearest $10,000, how much money did publishers have to give author Charles Sheldon for it?

$0 (He neglected to copyright it; some publishers voluntarily gave him money anyway.)

3

Michelle Ross Andersen

Bible Insects & Reptiles

ADDER
ANT
ASP
BEE
BEETLE
CANKERWORM
CATERPILLAR
COCKATRICE
DRAGON
EARTHWORM
FERRET
FLEA
FLY
FROG
GNAT
GRASSHOPPER
HORNET
HORSELEACH
LEVIATHAN
LICE
LIZARD
LOCUST
MAGGOT
MOTH
PALMERWORM
SCORPION
SERPENT
SNAIL
SPIDER
TORTOISE
VIPER

F	M	O	F	L	Y	L	I	Z	A	R	D	Q	U	M
G	G	M	R	O	W	H	T	R	A	E	L	F	R	O
E	M	R	O	W	R	E	M	L	A	P	D	D	N	L
R	T	N	G	Z	M	A	L	V	I	P	E	R	O	Y
C	E	Z	E	E	S	I	O	T	R	O	T	C	G	F
E	R	K	O	L	P	R	M	O	T	H	U	N	A	K
M	R	O	W	R	E	K	N	A	C	S	C	P	R	S
A	E	A	E	D	E	O	T	A	T	S	I	M	D	S
B	F	T	I	E	I	L	E	V	I	A	T	H	A	N
M	A	P	F	P	O	L	T	E	N	R	O	H	Q	A
C	S	E	R	P	E	N	T	E	H	G	G	B	Z	I
A	R	O	S	S	T	A	D	D	E	R	G	R	P	L
E	C	I	R	T	A	K	C	O	C	B	A	C	Y	D
S	E	O	S	F	N	G	Y	P	I	U	M	Y	Z	D
P	H	V	K	Q	G	A	O	L	L	R	T	E	E	B

Bonus Trivia

Why did many churches quietly drop the second verse of "Jesus Loves the Little Children" in the 1970s?

It uses a term considered derogatory to the Japanese.

4

Michelle Ross Andersen

1 Corinthians 13

BEHAVE	MAN
CHARITY	MEN
CHILDISH THINGS	MYSTERIES
ENDURETH	NEVER FAILETH
ENVIETH NOT	NOT PUFFED UP
FACE TO FACE	REMOVE MOUNTAINS
FAITH	SOUNDING BRASS
GIFT OF PROPHECY	SUFFERETH LONG
GREATEST	THINKETH NO EVIL
HOPETH	THROUGH A GLASS
INIQUITY	TINKLING CYMBAL
KIND	TONGUES
KNOWLEDGE	TRUTH

S	Y	C	E	H	P	O	R	P	F	O	T	F	I	G
N	C	T	D	S	T	S	E	T	A	E	R	G	H	N
I	J	H	N	S	E	O	F	A	I	T	H	E	T	O
A	M	I	I	A	S	U	H	T	U	R	T	C	E	L
T	I	N	K	L	I	N	G	C	Y	M	B	A	L	H
N	E	K	N	G	D	D	M	N	H	E	T	F	I	T
U	N	E	O	A	E	I	Y	A	O	N	Y	O	A	E
O	V	T	W	H	N	N	S	C	P	T	T	T	F	R
M	I	H	L	G	D	G	T	H	E	B	I	E	R	E
E	E	N	E	U	U	B	E	A	T	E	U	C	E	F
V	T	O	D	O	R	R	R	R	H	H	Q	A	V	F
O	H	E	G	R	E	A	I	I	N	A	I	F	E	U
M	N	V	E	H	T	S	E	T	A	V	N	N	N	S
E	O	I	U	T	H	S	S	Y	M	E	I	F	G	G
R	T	L	P	U	D	E	F	F	U	P	T	O	N	S

Bonus Trivia

Who said, "Within 100 years of my death, the Bible will be extinct?"

Voltaire.

5

Michelle Ross Andersen

Joyfulness

BREAK FORTH INTO
COUNT IT ALL JOY
EXCEEDING
FIELD
FULL
FULLNESS
HILLS
HOUSE
INCREASED
LEAPED
LIPS
MOTHER
NO GREATER JOY
NOISE
OF THE EARTH
OF THE LORD
OIL
REAP
SAINTS
SHOUT
SING
SOUL
SOUND
UNSPEAKABLE
VOICE

B	R	E	A	K	F	O	R	T	H	I	N	T	O	L
C	F	V	O	B	S	S	R	E	S	X	Z	L	D	U
N	O	G	R	E	A	T	E	R	J	O	Y	E	N	O
D	N	U	G	I	F	U	L	L	N	E	S	S	R	S
E	X	O	N	F	J	U	T	L	E	A	P	E	D	H
T	B	T	I	T	H	T	R	A	E	E	H	T	F	O
D	S	E	D	S	I	N	G	R	A	T	S	T	F	U
Z	L	G	E	E	E	T	C	K	O	P	O	T	Q	T
D	C	O	E	C	H	N	A	M	I	C	H	O	J	Y
V	H	W	C	Z	I	B	Y	L	D	E	U	I	Y	E
Y	Y	C	X	F	L	O	H	I	L	Q	R	F	F	F
W	R	R	E	E	L	A	V	O	F	J	T	S	S	T
S	T	V	L	O	S	D	R	V	U	V	O	S	H	N
X	W	Z	U	J	A	D	N	U	O	S	B	Y	T	W
Z	P	P	X	O	T	C	I	P	P	A	E	R	Z	V

Bonus Trivia

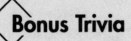

What is former president Carter's denominational affiliation?

Baptist.

6 Important Words in Ephesians

D. Holm

ALL
AMEN
APOSTLES
ARMOUR
BLESSINGS
BODY
CHILDREN
CHRIST
CHURCH
EPHESIANS
EVANGELISTS
FAITH
FATHERS
FLESH
GOSPEL
GRACE
HAVE
HEAD
HOLY
JESUS
LOINS
MEN
MYSTERY
NIGH
OBEY
PAUL
PEACE
PLACES
POWER
PROMISE
PUT OFF
SAINTS
SAVED
SEALED
SEE
SIT
STAND
STRENGTHENED
SPIRIT
TEACHERS
TOGETHER
TRUTH
WILES
WILL

N	R	R	E	W	O	P	R	O	M	I	S	E	F	M
E	E	V	A	N	G	E	L	I	S	T	S	Q	A	Y
P	H	R	H	E	A	D	T	T	R	U	T	H	I	S
H	T	C	D	L	U	A	P	E	A	C	E	N	T	T
E	E	H	H	L	O	I	N	S	A	M	E	N	H	E
S	G	R	I	N	I	G	H	U	C	C	I	J	C	R
I	O	I	F	A	T	H	E	R	S	A	H	A	B	Y
A	T	S	C	H	E	A	C	Y	S	O	R	E	A	T
N	H	T	E	U	E	V	L	E	B	G	J	B	R	I
S	G	N	I	S	S	E	L	B	O	D	E	V	A	S
M	E	N	T	E	P	T	A	O	D	Q	S	H	R	E
D	M	A	L	S	S	H	O	L	Y	D	U	S	M	A
W	N	I	O	O	C	H	U	R	C	H	S	E	O	L
D	W	G	P	U	T	O	F	F	W	I	L	L	U	E
P	L	A	C	E	S	P	I	R	I	T	L	F	R	D

Bonus Trivia

What famous short work begins, "Lord, make me an instrument of thy peace"?

"The Prayer of Francis of Assisi."

7

D. Holm

42 Important Things in 1 Timothy

APOSTLE
AUTHORITY
BEHAVIOUR
BISHOP
BOLDNESS
CHARGE
CHARITY
DEACONS
DOCTRINE
ELDERS
FABLES
FAITH
GAIN
GIFT
GLORY
GOD
GODLINESS
GOOD WORKS
GOSPEL
GRACE
HONOUR
JESUS
LAW
LEARN
LIFE
LORD
MEN
MINISTRY
ORDER
POWER
PRAYER
PREACHER
REPORT
REWARD
RICH
RULE
SINS
TRUST
WINDOW
WIVES
WORDS
YOUTH

G	O	D	L	I	N	E	S	S	Y	O	U	T	H	B
O	O	W	I	V	E	S	P	M	P	R	A	Y	E	R
O	S	S	D	R	O	W	R	U	O	N	O	H	K	L
D	R	E	P	O	R	T	S	E	L	B	A	F	I	M
W	D	H	R	E	W	A	R	D	V	V	R	F	Y	R
O	S	Y	R	O	L	G	P	J	I	E	E	T	F	E
R	T	T	U	O	F	R	D	O	D	W	I	D	O	W
K	G	I	L	D	E	R	U	R	S	R	H	P	W	O
S	R	R	E	A	O	R	O	W	O	T	H	A	D	P
I	A	A	C	L	T	C	N	H	I	C	L	J	E	E
N	C	H	A	R	G	E	T	A	I	E	T	E	A	L
S	E	C	U	I	M	U	F	R	A	V	F	S	C	D
R	F	S	B	G	A	I	N	R	I	A	I	U	O	E
Q	T	Y	R	T	S	I	N	I	M	N	G	S	N	R
B	P	O	H	S	I	B	O	L	D	N	E	S	S	S

Bonus Trivia

What is the denominational affiliation of former president Richard Nixon?

Quaker.

8

Beth Umlauf

John the Baptist

BAPTIZED	LOCUSTS
BEHEADED	OATH
DAMSEL	PREACHING
ELISABETH	PREPARE YE THE WAY
HEROD	PRISON
HERODIAS	PROPHET
HONEY	REPENTANCE
JESUS	WILDERNESS
JORDAN RIVER	WITNESS
LAMB OF GOD	ZACHARIAS

P	H	E	R	O	D	I	A	S	L	G	L	T	C	D
R	O	B	U	R	E	V	I	R	N	A	D	R	O	J
E	N	Z	Y	G	T	N	P	V	M	S	U	A	W	I
P	E	Z	M	Y	O	I	R	B	Z	F	T	Z	I	S
A	Y	S	T	S	U	C	O	L	L	H	E	S	L	N
R	T	U	I	W	T	F	P	Z	N	Y	C	A	D	V
E	T	R	Q	A	G	T	H	Y	M	L	N	I	E	B
Y	P	G	Z	O	L	D	E	A	B	R	A	R	R	D
E	D	H	D	M	O	D	T	A	N	L	T	A	N	E
T	J	Y	C	R	Z	I	Y	E	L	F	N	H	E	Z
H	H	T	E	B	A	S	I	L	E	K	E	C	S	I
E	E	H	Q	O	J	E	S	U	S	T	P	A	S	T
W	I	T	N	E	S	S	R	V	M	V	E	Z	I	P
A	W	B	W	G	N	I	H	C	A	E	R	P	Q	A
Y	T	T	R	E	J	A	D	E	D	A	E	H	E	B

Bonus Trivia

What book of the Bible furnished the lyrics for the Byrds' hit song "Turn, Turn, Turn"?

Ecclesiastes.

9

Twelves of the Bible

ANGELS	OXEN
APOSTLES	PATRIARCHS
BASKETS	PILLARS
BRETHREN	RODS
CAKES	SONS
CITIES	SPOONS
CUBITS	STARS
FOUNDATIONS	STONES
FOUNTAINS	THOUSAND
GATES	TRIBES
LEGIONS	WELLS
OFFICERS	YEARS

S	R	E	C	I	F	F	O	S	R	A	E	Y	A	X
K	T	L	F	N	D	O	C	L	O	P	A	N	X	S
R	H	C	K	L	E	U	R	L	R	O	U	E	L	R
S	O	V	U	V	P	N	A	E	H	S	S	R	E	A
Y	U	S	E	N	O	T	S	W	K	T	C	H	G	T
E	S	O	I	X	R	A	N	G	E	L	S	T	I	S
B	A	E	E	I	E	I	O	Q	C	E	F	E	O	H
G	N	N	B	T	E	N	I	C	A	S	X	R	N	C
E	D	E	A	F	T	S	T	E	K	S	A	B	S	R
P	S	K	S	G	E	G	A	T	E	S	H	K	U	A
A	C	S	E	Z	I	O	D	C	S	T	U	H	Q	I
R	K	V	I	G	S	C	N	U	S	Q	X	H	Q	R
R	Q	B	T	U	I	N	U	D	C	A	M	I	L	T
C	U	B	I	T	S	P	O	O	N	S	F	W	P	A
D	U	H	C	G	U	R	F	S	R	A	L	L	I	P

Bonus Trivia

What Christian leader said, "We shall match your capacity to inflict suffering with our capacity to endure suffering"?

Dr. Martin Luther King, Jr., about the white racists.

10

Karen Dickson

Praise!!

ADORE
BLESS
BREATHE
CONTINUALLY
EXALT
EXTOL
GIVE
GLORIFY
HEAVEN AND EARTH
HEIGHTS
HONOR
LEAP
LOVE
OBEY
OFFER
PERFECT
SACRIFICE
SEVEN TIMES
SHOUT
SING
SPEAK
THANKSGIVING
WAIT
WORKS
WORTHY

S	K	R	O	W	G	I	V	E	B	V	B	G	E	G
D	H	C	S	E	M	I	T	N	E	V	E	S	C	K
P	A	E	L	N	E	Q	S	H	V	L	Q	I	G	X
Y	L	L	A	U	N	I	T	N	O	C	D	N	N	Y
W	X	B	F	V	I	A	W	T	L	A	S	G	I	K
S	T	H	G	I	E	H	E	X	T	O	L	I	V	S
E	L	F	C	R	H	N	V	E	Q	P	N	G	I	L
C	Y	E	B	O	C	T	A	I	Y	E	A	Y	G	I
I	W	O	N	F	D	R	Y	N	C	R	Z	Q	S	W
F	V	O	E	F	E	F	W	F	D	F	B	D	K	O
I	R	S	A	E	I	X	A	K	A	E	P	S	N	R
R	Z	S	D	R	Z	A	A	T	A	C	A	X	A	T
C	U	E	O	A	G	H	Q	L	V	T	K	R	H	H
A	B	L	R	E	S	H	O	U	T	F	D	S	T	Y
S	G	B	E	W	A	I	T	M	W	H	Z	Z	T	H

Bonus Trivia

What country possesses the tallest church tower?

Germany (Cologne Cathedral, 512 feet).

11

Karen Dickson

Paul's Missionary Journeys

ANTIOCH	PAMPHYLIA
ATTALIA	PAPHOS
CILICIA	PERGA
CYPRUS	PHENICE
DERBE	PHILIPPI
EPHESUS	PISIDIA
GALATIA	ROME
ICONIUM	SAMARIA
LYCAONIA	SAMOTHRACIA
LYSTRA	SYRIA
MACEDONIA	THESSALONICA
MYSIA	TROAS
NEAPOLIS	

E	S	A	O	R	T	L	G	A	L	A	T	I	A	I
B	P	A	P	H	O	S	R	S	B	Z	Q	N	I	A
D	E	R	B	E	W	T	S	R	A	A	T	F	C	C
A	G	R	E	P	S	A	M	A	R	I	A	A	A	I
Q	B	C	C	Y	P	R	U	S	O	M	I	E	R	N
P	H	I	L	I	P	P	I	C	W	E	R	P	H	O
P	I	L	A	V	I	S	H	I	M	A	Y	H	T	L
A	A	I	I	Z	S	P	H	O	P	T	S	E	O	A
M	I	C	S	S	I	H	R	R	F	T	D	S	M	S
P	N	I	Y	C	D	E	R	R	Q	A	A	U	A	S
H	O	A	M	U	I	N	O	C	I	L	L	S	S	E
Y	A	D	N	Y	A	I	Q	I	K	I	G	O	R	H
L	C	R	B	Z	B	C	Y	E	A	A	L	W	M	T
I	Y	E	B	T	T	E	N	E	A	P	O	L	I	S
A	L	M	A	C	E	D	O	N	I	A	N	R	M	Y

Bonus Trivia

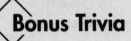

Of the original thirteen colonies, how many had Protestant origins?

12 (all but Maryland).

12

Carole Stengel

The Prophets

AARON	JEHU
AHIJAH	JEREMIAH
AMOS	JOEL
BALAAM	JONAH
DANIEL	MALACHI
DAVID	MEDAD
ELDAD	MICAH
ELIJAH	MOSES
ELISHA	NAHUM
EZEKIEL	NATHAN
GAD	OBADIAH
HABAKKUK	SAMUEL
HAGGAI	SHEMAIAH
HANANI	ZACHARIAS
HOSEA	ZECHARIAH
IDDO	ZEPHANIAH
ISAIAH	

H	A	I	A	S	I	B	H	A	C	I	M	G	D	H
M	G	N	H	A	I	M	E	R	E	J	U	N	A	A
V	W	D	G	A	T	A	H	I	J	A	H	B	V	I
S	Z	G	G	V	J	Y	L	E	I	N	A	D	I	N
B	A	K	A	E	L	I	S	H	A	K	N	E	D	A
H	C	E	X	J	Z	J	R	D	K	M	W	B	M	H
O	H	S	A	M	U	E	L	U	H	E	J	O	O	P
S	A	H	I	A	O	R	K	Q	W	D	S	O	S	E
E	R	E	L	V	N	H	A	I	R	A	H	C	E	Z
A	I	M	A	L	A	C	H	I	E	D	I	L	S	G
D	A	A	G	I	T	X	A	F	H	L	D	B	N	J
X	S	I	D	M	H	Q	N	Q	E	A	I	K	O	E
J	E	A	D	G	A	S	O	O	D	P	W	J	R	H
K	B	H	A	V	N	R	J	U	I	N	A	N	A	H
O	D	D	I	M	A	A	L	A	B	N	L	H	A	H

Bonus Trivia

In the thirteenth century, most lay people could not read, so what became known as "the Scripture of the laity"?

Religious artwork.

13

Carole Stengel

Characteristics of Christ

ALIVE
BENEVOLENT
COMPASSIONATE
DISCERNING
FAITHFUL
FORGIVING
GENTLE
GOOD
GUILELESS
HARMLESS
HEALS
HELPING
HOLY
HUMBLE
JUST
LOVING
MEEK
MERCIFUL
POWER
RIGHTEOUS
SERVES
SINLESS
SPOTLESS
TEACHES
TRUE
WISE
ZEALOUS

G	S	E	V	R	E	S	C	B	L	G	C	S	S	Y
N	S	P	F	S	Y	F	O	R	E	U	B	I	U	J
I	E	G	O	M	K	I	M	Q	J	I	N	X	O	U
N	L	N	R	T	V	L	P	D	B	L	O	P	E	R
R	M	I	G	S	L	G	A	E	E	E	H	R	T	R
E	R	P	I	U	U	E	S	S	N	L	U	R	H	E
C	A	L	V	J	F	N	S	K	E	E	M	W	G	W
S	H	E	I	V	I	T	I	S	V	S	B	F	I	O
I	K	H	N	S	C	L	O	U	O	S	L	S	R	P
D	O	O	G	E	R	E	N	O	L	P	E	M	Q	C
A	W	M	S	H	E	O	A	L	E	O	H	J	P	A
Y	X	K	L	C	M	H	T	A	N	U	V	V	L	Z
T	L	X	A	A	O	U	E	E	T	M	R	I	M	S
U	J	O	E	E	L	R	O	Z	G	H	V	T	N	S
L	U	F	H	T	I	A	F	G	Q	E	N	U	C	G

Bonus Trivia

What are catechumens?

People undergoing instruction for baptism.

14

Barbara Holt

Plagues of Egypt

AARON
BLOOD
BOILS
BONDAGE
BRICK
CATTLE
DARKNESS
DIE
DOORPOST
EGYPT
FIRE
FIRSTBORN
FLIES
FROGS
HAIL
LAMB
LICE
LOCUST
MAGICIANS
MIRACLE
MOSES
PHARAOH
PONDS
RIVER
ROD
SERPENT
SIGNS
STRAW
SWARMS
TASKMASTERS
THUNDER
WIND
WONDERS

T	A	S	K	M	A	S	T	E	R	S	X	L	J	S
H	A	I	L	T	S	O	P	R	O	O	D	O	F	M
U	F	X	Q	H	K	F	U	Z	F	X	B	C	B	R
N	L	K	E	C	I	L	S	T	R	A	W	U	S	A
D	A	K	I	O	F	E	S	B	O	I	L	S	R	W
E	M	R	D	S	S	W	Q	M	G	E	I	T	T	S
R	B	L	O	O	D	R	B	C	S	G	G	V	H	F
D	O	R	M	A	G	I	C	I	A	N	S	O	I	L
E	N	P	G	P	E	V	Z	A	M	L	A	R	T	I
L	D	N	I	W	Y	E	G	U	T	R	S	S	N	E
C	A	I	M	A	E	R	I	F	A	T	E	Y	E	S
A	G	O	E	G	Y	P	T	H	B	C	L	S	P	I
R	E	Q	B	K	J	Z	P	O	N	D	S	E	R	G
I	N	N	F	A	C	S	R	E	D	N	O	W	E	N
M	X	A	A	R	O	N	D	A	R	K	N	E	S	S

Bonus Trivia

Where was Christian traveling to in *The Pilgrim's Progress*?

Celestial City.

15

Barbara Holt

The Prodigal Son

ALIVE	HUSKS
CALF	JOURNEY
COMPASSION	KISSED
DANCING	LOST
DEAD	MERRY
EAT	MUSIC
ELDER	RING
FAMINE	ROBE
FATHER	SAFE
FEED	SERVANTS
FIELD	SHOES
FOUND	SON
GLAD	SPENT
HOUSE	SWINE
HUNGER	WORTHY

H	S	R	O	B	E	H	U	B	Q	S	F	I	Y	E
H	K	I	S	S	E	D	Z	Y	G	E	N	G	N	Q
V	S	N	K	I	H	I	A	Q	R	O	L	I	A	Y
D	U	G	L	P	E	V	I	L	A	H	W	A	W	H
J	H	O	U	S	E	P	E	H	G	S	P	E	N	T
Q	S	T	D	I	J	O	U	R	N	E	Y	T	A	R
T	S	A	A	D	S	N	A	O	I	R	U	N	U	O
G	E	S	F	E	G	G	I	T	C	V	K	R	Q	W
A	L	D	A	E	D	S	L	I	N	A	G	F	W	Y
Q	C	V	R	F	S	N	S	F	A	N	A	I	R	A
G	D	W	N	A	L	U	T	B	D	T	H	E	N	S
Y	N	S	P	M	M	A	Z	P	H	S	D	L	Q	W
Z	U	M	I	I	E	Y	C	E	N	L	C	D	T	S
X	O	U	Y	N	X	Y	R	R	E	M	H	M	J	O
C	F	O	A	E	L	E	Z	Z	B	M	Y	U	W	N

Bonus Trivia

What President wrote that he would like to see built "a wall of separation between church and state"?

Thomas Jefferson.

16 Bible Promises

Ruth A. Graether

"Casting all your _____ upon Him, for He careth for you." 1 Peter 5:7.

"I will never _____ thee, nor _____ thee." Hebrews 13:5.

"The Lord is my _____, I shall not _____." Psalm 23:1.

"_____ thy way unto the _____; _____ also in Him, and He shall bring it to pass." Psalm 37:5.

"Be of good _____, and He shall _____ thine _____." Psalm 27:14.

"When thou _____ through the _____, I will be with thee." Isaiah 43:2.

"When He shall _____, we shall be like _____, for we shall see Him as He is." 1 John 3:2.

"Be not _____, for I am thy God." Isaiah 41:10.

"He giveth _____ to the _____; and to them that have no might He increaseth strength." Isaiah 40:29.

"_____ _____, the same, _____, and _____, and _____." Hebrews 13:8.

"My God shall _____ all your _____ according to His _____ in _____ by Christ Jesus." Philippians 4:19.

"_____ unto me, and I will _____thee." Jeremiah 33:3.

"Thou wilt keep him in _____ _____, whose _____ is stayed on Thee, because he trusteth in Thee." Isaiah 26:3.

"God is my _____ I will trust, and not be _____." Isaiah 12:2.

L	W	E	C	A	E	P	T	C	E	F	R	E	P	N
L	J	E	S	U	S	C	H	R	I	S	T	P	C	C
E	K	A	S	R	O	F	A	S	Z	Y	U	F	F	O
A	H	P	C	U	S	D	E	Y	A	M	S	I	D	M
V	I	C	R	M	R	T	T	D	E	E	N	Q	Y	M
E	M	A	A	I	D	D	R	E	H	P	E	H	S	I
V	G	L	N	N	Z	E	E	E	E	R	L	D	F	T
E	R	L	S	D	T	D	F	T	N	A	W	O	O	S
V	A	V	W	S	I	F	V	S	S	G	C	A	R	E
U	E	H	E	A	A	T	R	U	S	T	T	F	E	D
A	P	Y	R	I	G	V	P	O	W	E	R	H	V	W
V	P	F	N	D	L	P	A	S	S	E	T	H	E	W
P	A	T	S	A	L	V	A	T	I	O	N	F	R	N
T	O	D	A	Y	R	O	L	G	S	R	E	T	A	W
T	R	A	E	H	V	C	C	Y	R	I	C	H	E	S

Bonus Trivia

At the end of the nineteenth century in America, there was one Protestant church per how many citizens?

450.

17

D. Holm

Job's Trials

AROSE	LORD
CHALDEANS	MORNING
CURSED	NAKED
DAUGHTERS	NONE
DEAD	OFFERED
DRINK	PERFECT
EARTH	PRESENCE
EAST	PRESENT
EATING	SABEANS
EVIL	SANCTIFIED
FACE	SATAN
FEAR	SERVANT
FELL	SINNED
FORTH	SONS
GOD	SUBSTANCE
GREATEST	SWORD
HAND	UPRIGHT
HEARTS	UZ
HEDGE	WALKING
HOUSES	WIND
JOB	WINE

U	Z	W	I	N	E	T	C	E	F	R	E	P	E	E
L	P	N	R	C	U	R	S	E	D	L	R	T	A	C
R	I	R	L	M	M	Q	A	O	O	E	D	D	S	N
S	N	S	I	V	O	R	G	R	S	E	E	N	T	E
O	A	N	U	G	E	R	D	E	I	N	A	N	D	S
F	K	T	F	B	H	V	N	F	N	E	H	R	D	E
F	E	N	A	I	S	T	I	I	D	F	O	A	D	R
E	D	A	C	N	E	T	S	L	N	W	U	Z	N	P
R	E	V	E	G	C	N	A	J	S	G	S	F	I	V
E	A	R	D	N	A	H	O	N	H	L	E	O	W	E
D	D	E	A	E	C	B	W	T	C	L	S	R	A	A
N	H	S	B	G	G	R	E	A	T	E	S	T	M	R
O	C	A	H	E	A	R	T	S	M	F	I	H	K	T
N	S	O	N	S	S	B	D	R	I	N	K	I	N	H
E	X	I	W	A	L	K	I	N	G	E	S	O	R	A

Bonus Trivia

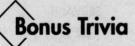

According to a hymn, what is the only way "to be happy in Jesus"?

Trust and obey.

18

D. Holm

The Contest: God & Baal
(1 Kings 18)

ABUNDANCE
AHAB
ALOUD
ALTAR
ANSWER
AWAKED
BAAL
BARRELS
BLOOD
BUILT
BULLOCK
CHOOSE
CONSUMED
CRIED
CUT
DAY
ELIJAH
FACES
FELL
FIRE
HEAR
HEART
ISRAEL
JOURNEY
KNOWN
LORD
MANNER
MOCKED
MORNING
NAME
OFFERING
PEOPLE
PROPHETS
RAIN
SACRIFICE
SERVANT
SLEW
STONES
TRENCH
VOICE
WATER
WOOD

M	R	B	L	O	O	D	E	I	R	C	C	U	T	N
O	D	E	X	U	X	R	J	A	L	O	U	D	B	N
R	E	C	N	O	D	O	T	B	N	A	M	E	A	E
N	K	W	Z	N	U	L	P	S	A	Y	C	K	R	C
I	A	A	J	R	A	Z	U	R	A	H	D	C	R	I
N	W	T	N	R	I	M	Y	D	O	B	A	O	E	F
G	A	E	Y	S	E	L	P	O	E	P	Z	M	L	I
B	Y	R	R	D	W	B	S	C	V	H	H	L	S	R
A	H	A	F	T	U	E	N	V	S	U	E	E	I	C
A	E	D	R	L	N	A	R	E	F	F	R	L	T	A
L	A	A	L	O	D	E	C	I	O	V	A	I	J	S
A	E	O	T	N	K	A	R	Y	A	R	I	J	D	L
H	C	S	U	B	F	E	H	N	E	Z	N	A	O	E
K	C	B	U	I	L	T	T	R	E	N	C	H	O	W
M	A	O	F	F	E	R	I	N	G	K	N	O	W	N

Bonus Trivia

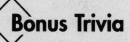

What nature song is known as "The Crusaders' Hymn"?

"Fairest Lord Jesus."

19

D. Holm

Hosea's Story

ADULTERIES
ALLURE
ANOTHER
BACK
BELOVED
BOUGHT
BREAD
CHILDREN
CONCEIVED
DAUGHTER
DAYS
DIBLAIM
FIELD
FIRST
FRIEND
GOD
GODS
GOMER
HARLOT
HOSEA
HUSBAND
ISRAEL
JEZREEL
KING
LOAMMI
LORD
LORUHAMAH
LOVERS
MOTHER
NAKED
PEOPLE
RETURN
SILVER
VINEYARD
WALL
WHOREDOMS
WIFE
WILL
WOMAN

B	P	P	I	F	I	E	L	D	E	R	U	L	L	A
F	E	L	A	A	V	N	F	M	A	L	A	L	O	H
R	O	L	L	E	R	D	O	I	E	Y	N	K	A	B
I	P	I	O	U	S	T	S	E	W	E	S	R	M	G
E	L	W	T	V	H	O	R	V	R	S	L	I	M	O
N	E	E	H	E	E	Z	H	D	E	O	A	H	I	D
D	R	R	R	O	E	D	L	I	T	L	A	R	A	N
E	F	V	E	J	R	I	R	H	B	M	A	E	F	A
V	I	N	T	V	H	E	G	I	A	D	R	M	N	B
I	R	A	H	C	T	U	D	H	S	B	P	O	K	S
E	S	K	G	L	O	M	U	O	L	R	T	G	I	U
C	T	E	U	B	D	R	O	L	M	H	A	L	N	H
N	E	D	A	W	O	M	A	N	E	S	V	E	G	N
O	A	C	D	L	O	V	E	R	S	E	W	A	L	L
C	K	H	V	I	N	E	Y	A	R	D	S	D	O	G

Bonus Trivia

In Nathaniel Hawthorne's *The Scarlet Letter,* what was the letter and what did it stand for?

A for Adultery.

20

Janice A. Buhl

Crucifixion

BARABBAS
BETHANY
BETRAYED
BLASPHEMY
BLOOD
BODY
CAIAPHAS
CROWN
CRUCIFIED
CUP
DISCIPLES
ELDERS
GETHSEMANE

JUDAS ISCARIOT
KING
KISS
MOUNT OF OLIVES
PASSOVER
PONTIUS PILATE
PRAY
PRIESTS
SCRIBES
SILVER
SOLDIERS
THIRTY PIECES
UNLEAVENED

M	G	C	U	P	D	G	P	B	S	N	K	V	T	Y
O	X	Y	T	O	A	R	S	C	E	I	W	H	I	D
U	E	E	O	O	I	S	R	R	S	T	I	O	T	O
N	N	L	T	E	E	I	S	S	E	R	H	O	R	B
T	B	L	S	A	B	N	A	O	T	I	I	A	L	C
O	C	T	E	E	L	H	A	Y	V	R	D	A	N	H
F	S	D	S	A	P	I	P	M	A	E	S	L	S	Y
O	S	Z	E	A	V	I	P	C	E	P	R	E	O	D
L	C	A	I	I	E	E	S	S	H	S	L	D	E	S
I	E	A	B	C	F	I	N	E	U	P	H	Y	G	R
V	C	L	E	B	S	I	M	E	I	I	A	T	E	B
E	K	S	D	A	A	Y	C	C	D	R	T	V	E	K
S	S	Y	D	E	A	R	S	U	T	C	L	N	I	G
D	E	U	O	R	R	I	A	E	R	I	Q	N	O	F
U	J	X	P	C	D	S	B	B	S	C	G	C	R	P

Bonus Trivia

"Jesus, the very thought of Thee/ With sweetness fills my breast." But according to that hymn, what is even sweeter?

Jesus' face.

21

Janice A. Buhl

Ruth

BARLEY
BETHLEHEM
BLESSED
BOAZ
CHILION
DAUGHTERS-IN-LAW
DIED
ELIMELECH
FAMINE
FAVOR
GLEAN
JUDAH
KINSMAN
LOVE
MAHLON
MAIDENS
MARA
MOAB
NAOMI
OBED
ORPAH
RUTH
SONS
VIRTUOUS
WIFE
WIVES

D	F	H	A	M	F	N	Y	G	B	O	A	Z	F	G
C	A	F	C	A	A	N	A	L	Q	Q	I	V	P	L
M	J	U	M	E	O	I	E	M	A	H	L	O	N	E
K	E	I	G	I	L	S	D	B	S	F	P	L	Y	A
S	N	H	L	H	S	E	A	E	Y	N	D	F	E	N
E	U	I	E	E	T	R	M	Y	N	L	I	R	W	C
H	H	O	D	L	L	E	E	I	E	S	E	K	I	S
C	G	J	U	E	H	G	R	J	L	S	D	M	B	E
R	F	W	Y	T	E	T	P	S	G	E	N	E	U	V
N	P	C	E	Y	R	D	E	U	I	W	T	I	J	I
H	U	F	C	J	Z	I	X	B	V	N	W	M	E	W
A	R	A	M	I	H	I	V	Y	I	S	L	O	F	M
D	P	V	K	T	F	H	A	P	R	O	E	A	I	E
U	E	O	U	Y	W	J	Y	W	V	N	D	N	W	C
J	X	R	Z	H	I	O	B	E	D	S	B	A	O	M

Bonus Trivia

What letter did Martin Luther call "my epistle, to which I am betrothed"?

Galatians.

22

Janice A. Buhl

"S" Names

SADDUCEES
SAMARITAN
SAMSON
SAMUEL
SAPPHIRA
SARAH
SATAN
SELAH
SETH
SHAHAR
SHALLUM
SHAPHAT
SHARON
SHAUL
SHEBA
SHECHEM
SHELAH
SHILOH
SHIMEA
SHUR
SILVANUS
SIMEON
SIMON
SODOM
SOLOMON
STEPHEN
SYRIA

S	H	U	R	N	S	X	Z	S	S	H	I	M	E	A
Z	L	V	A	H	K	X	K	H	T	Z	A	S	B	R
A	E	T	A	A	H	L	A	N	B	E	H	L	L	I
R	A	R	N	A	I	H	A	A	O	A	P	E	E	R
S	O	S	L	A	A	R	M	R	P	M	U	H	W	S
N	L	E	U	R	T	U	Y	H	I	M	O	X	E	M
V	H	N	S	N	L	I	A	S	A	H	C	L	S	N
S	W	E	O	L	A	T	R	S	N	L	P	E	O	S
Y	T	M	A	M	N	V	T	A	W	H	E	P	A	S
H	P	H	E	O	I	U	L	M	M	C	P	M	A	H
I	S	X	E	H	Y	S	Z	I	U	A	S	Q	O	S
F	A	M	I	T	C	T	C	D	S	O	S	L	A	W
K	I	Z	A	T	Z	E	D	H	N	E	I	R	Z	Q
S	O	D	O	M	U	A	H	O	C	H	A	A	V	C
S	A	B	E	H	S	M	O	S	S	H	A	U	L	S

Bonus Trivia

Which president signed the bill to add the words "under God" to the Pledge of Allegiance?

Dwight Eisenhower.

23

Janice A. Buhl

"M" Names

MACEDONIA
MACHI
MANASSEH
MANOAH
MARA
MARANATHA
MARK
MARTHA
MARY
MATHUSALA
MATTHEW
MEDIA
MELCHISEDEC
MEMPHIS
MERARI
MERCURIUS
MESHACH
MESOPOTAMIA
MICAH
MICHAEL
MIDIAN
MIRIAM
MIZPAH
MOAB
MORDECAI
MORIAH
MOSES
MYRA

A	X	M	Y	F	H	A	C	I	M	I	D	I	A	N
H	B	K	E	A	K	H	T	E	W	I	M	Y	L	R
T	V	F	P	R	C	U	M	F	J	X	R	A	V	P
R	V	Z	R	A	C	P	H	U	S	W	K	I	R	M
A	I	D	H	C	H	U	K	E	E	T	A	M	A	K
M	A	S	M	I	E	O	R	H	S	I	A	R	A	M
F	E	I	S	O	H	D	T	I	M	S	A	I	A	A
M	L	Y	N	A	R	T	E	A	U	N	A	L	Z	C
A	H	E	O	O	A	D	T	S	A	S	A	N	Z	H
R	I	N	A	M	D	O	E	T	I	S	L	H	A	I
Y	A	R	C	H	P	E	H	C	U	H	A	H	M	M
M	E	J	A	O	C	A	C	H	A	I	C	E	L	B
Y	U	N	S	R	C	I	T	A	R	I	D	L	G	A
R	V	E	L	J	E	A	M	O	M	I	B	A	E	O
A	M	A	G	Z	M	M	M	F	A	S	E	S	O	M

Bonus Trivia

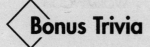

Who said at his martyrdom that he had served Christ for 86 years?

Polycarp.

24

Janice A. Buhl

Revelation

ALPHA	LION
ANGEL	OMEGA
BEASTS	PATMOS
BLOOD	PROPHECY
BOOK	SEALS
CANDLESTICKS	SEATS
CHURCHES	STARS
DRAGON	SWORD
ELDERS	TESTIMONY
FIRE	THOUSAND
GATES	THRONE
HORSES	TRIBES
JOHN	TRIBULATION
LAKE OF FIRE	TRUMPETS
LAMB	WORMWOOD

Z	T	R	I	B	E	S	S	Q	T	S	L	A	E	S
G	B	M	A	L	G	T	U	H	E	E	N	H	O	J
A	B	B	D	P	S	Z	R	U	G	D	F	V	N	Z
T	Y	E	S	A	D	O	U	N	F	I	O	R	V	T
E	R	L	E	K	N	T	A	H	R	A	W	O	R	N
S	V	B	O	E	C	Z	E	E	P	E	G	I	L	P
N	O	G	A	R	D	I	Y	S	R	A	B	E	B	B
S	E	A	T	S	D	C	T	I	T	U	T	S	M	C
H	T	L	W	H	E	O	F	S	L	I	T	M	H	O
K	O	O	F	H	O	F	O	A	E	E	M	U	O	S
H	R	R	P	A	O	U	T	W	P	L	R	O	T	S
D	Y	O	S	E	H	I	S	M	M	C	D	A	N	B
Y	R	T	K	E	O	P	U	A	H	R	R	N	O	Y
P	S	A	Q	N	S	R	L	E	N	S	O	O	A	Q
T	L	I	O	N	T	Q	S	A	X	D	K	W	P	C

Bonus Trivia

What American colony was founded as a refuge for Quakers?

Pennsylvania.

25

Janice A. Buhl

David and Goliath

ABINADAB	JUDAH
AFRAID	KILL
ARMIES	MAIL
BATTLE	MOUNTAIN
BRASS	PHILISTINES
DAVID	SAUL
ELIAB	SERVANTS
FIGHT	SHAMMAH
FOREHEAD	SHIELD
GATH	SHOCHO
GOLIATH	SLING
GREAVES	SPEAR
HEIGHT	STONES
HELMET	TARGET
ISRAEL	VALLEY

F	O	R	E	H	E	A	D	T	O	S	Y	B	V	G
I	M	Q	U	Y	D	P	A	Z	E	H	A	A	O	Q
G	S	A	U	L	E	R	E	R	S	T	C	L	Z	M
H	Q	E	E	Y	G	L	V	F	T	E	I	O	O	M
T	M	I	N	E	Q	A	L	L	N	A	I	U	H	T
T	H	L	T	I	N	K	E	A	T	R	N	M	I	S
S	E	L	U	T	T	S	B	H	V	T	A	R	R	S
T	L	I	S	I	E	S	M	A	A	B	I	E	H	A
O	I	K	K	V	L	O	I	I	D	S	R	A	P	D
N	A	S	A	I	T	T	N	L	R	A	M	A	D	S
E	B	E	N	E	H	O	H	A	I	M	N	I	S	D
S	R	G	M	G	H	M	E	A	A	H	A	I	A	S
G	C	L	I	T	J	L	A	H	D	R	P	V	B	I
J	E	E	A	B	R	G	F	I	F	U	I	R	M	A
H	H	G	A	A	A	W	L	A	L	D	J	E	K	B

Bonus Trivia

What snack food was supposedly invented by a seventh-century Italian monk to reward children who memorized prayers?

Pretzels.

26

Judy Ellis

Day of. . .

ADVERSITY	INDIGNATION
AFFLICTION	JERUSALEM
ATONEMENT	JEZREEL
BATTLE	JUDGMENT
CHRIST	MIDIAN
CLOUDS	PENTECOST
DARKNESS	RAIN
DEATH	REDEMPTION
DISTRESS	SLAUGHTER
EGYPT	TEMPTATION
EVIL	TROUBLE
GOD	VENGEANCE
GRIEF	VISITATION

B	A	T	T	L	E	S	S	O	L	F	X	L	S	E
R	F	N	S	E	E	Y	S	H	C	D	E	M	S	M
B	F	E	O	N	M	C	C	E	J	H	E	I	E	A
V	L	M	C	O	E	P	Z	L	N	O	R	A	R	A
D	I	G	E	A	L	A	T	G	O	K	T	I	T	G
R	C	D	T	R	A	D	Y	A	I	U	R	R	S	H
E	T	U	N	E	S	V	T	T	T	G	D	A	I	T
D	I	J	E	T	U	E	E	O	A	I	V	S	D	R
E	O	W	P	H	R	R	I	N	N	T	O	F	J	O
M	N	X	J	G	E	S	Z	E	G	A	P	N	D	U
P	U	I	P	U	J	I	W	M	I	E	I	Y	O	B
T	D	Y	R	A	T	T	J	E	D	D	A	D	G	L
I	E	F	Q	L	X	Y	L	N	N	M	W	N	I	E
O	J	V	I	S	I	T	A	T	I	O	N	B	C	M
N	I	A	R	W	J	E	Z	R	E	E	L	I	V	E

Bonus Trivia

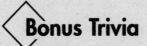

What biblical region is fittingly mentioned in the hymn "Send the Light"?

Macedonia.

27

Judy Ellis

Weapons

ARMOUR	HOOKS
ARROWS	KNIFE
AX	PLOWSHARES
BOW	PRUNINGHOOKS
BUCKLERS	QUIVER
BURN	SHIELDS
CAPTIVITY	SLINGS
DART	SPEARS
FLAME	SPOIL
HABERGEON	STONES
HANDSTAVES	SWORD
HELMETS	TORCHES

C	S	T	O	N	E	S	T	R	A	D	A	S	S	U
A	G	A	Q	X	N	Q	U	I	V	E	R	W	T	D
P	N	R	Z	R	O	T	G	H	K	E	Y	O	D	T
T	I	E	U	U	E	Z	L	G	L	T	H	R	W	Z
I	L	B	Q	O	G	N	V	K	F	M	Q	R	A	S
V	S	S	P	M	R	T	C	E	S	M	H	A	S	H
I	K	G	D	R	E	U	O	E	L	E	A	X	L	I
T	O	J	O	A	B	Y	R	Q	L	K	N	I	F	E
Y	O	N	J	O	A	A	O	M	V	N	D	W	P	L
W	H	R	W	B	H	P	E	I	S	H	S	S	U	D
T	V	R	C	S	Y	T	J	T	E	R	T	S	L	S
Q	N	C	W	H	S	R	U	H	O	F	A	A	I	U
C	P	O	B	R	E	F	Y	L	I	K	V	E	O	Z
H	L	K	B	Z	Y	S	F	L	A	M	E	W	P	P
P	R	U	N	I	N	G	H	O	O	K	S	P	S	S

Bonus Trivia

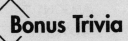

What percentage of Christians shop at Christian bookstores?

30%.

28

Evelyn M. Boyington

People Whose Prayers are in the Bible

ABRAHAM
APOSTLES
BLIND
DANIEL
DAVID
DISCIPLES
ELIJAH
ELISHA
EZRA
GIDEON
HANNAH
ISAAC
ISRAEL
JABEZ
JACOB
JAIRUS
JEREMIAH
JOB
JOEL
JOHN
JOSHUA
MANIAC
MARTHA
MARY
MOSES
PAUL
PETER
PRODIGAL
RICH MAN
SAMSON
SOLOMON
STEPHEN

S	L	N	X	D	T	S	A	P	L	R	U	F	D	A
Y	E	S	M	C	T	J	R	L	E	A	R	S	I	W
U	O	L	H	E	P	O	Z	Q	M	T	G	L	C	I
N	J	C	P	A	D	A	E	J	A	B	E	Z	Y	Z
W	G	H	A	I	N	F	H	A	H	D	C	R	H	P
D	E	I	G	I	C	N	H	T	A	I	A	D	A	O
N	M	A	D	S	N	S	A	N	R	M	T	V	J	R
I	L	O	D	E	I	A	I	H	B	A	J	W	I	Y
L	R	V	Y	L	O	E	M	D	A	O	M	C	L	D
B	Y	U	E	T	L	N	E	B	H	D	H	J	E	B
P	S	A	M	S	O	N	R	N	O	M	O	L	O	S
A	U	H	S	O	J	R	E	X	A	R	O	C	E	R
U	V	L	A	P	P	I	J	N	C	A	A	S	I	H
L	A	Q	P	A	S	U	R	I	A	J	O	B	E	W
B	C	A	N	D	Y	J	Q	F	Q	A	V	J	Y	S

Bonus Trivia

What is often considered to be the oldest known Christian writing outside the New Testament, dating to perhaps A.D. 90?

I Clement.

29

Evelyn M. Boyington

Biblical Household Items

BAKING
BED
CAKE
CANDLE
CRUSE
CUP
DISH
FIRE
GREASE
LAMP
MEAL
MIRROR
MYRRH
NITRE
OIL
PAN

PARLOUR
PILLOW
PITCHER
POST
POT
POTTAGE
SEWING
SHOVEL
SNUFFER
SOAP
SPICE
SPOON
TABLE
VESSEL
WASH
WINE

L	F	Z	E	W	E	E	U	L	F	X	V	W	H	R
F	E	F	A	R	R	G	S	O	A	P	T	U	R	F
R	M	S	V	N	T	G	P	U	C	A	B	E	V	E
C	H	W	S	O	R	I	M	O	R	N	H	G	K	Q
R	S	P	G	E	L	D	N	A	C	C	L	A	M	P
R	I	U	A	A	V	W	A	S	T	E	C	T	S	T
C	D	S	N	R	P	J	P	I	F	O	A	T	W	G
Z	E	W	O	L	L	I	P	D	E	B	M	O	T	K
J	F	Z	O	L	C	O	H	C	L	I	O	P	J	F
B	L	K	P	E	E	S	U	E	R	N	Y	B	B	C
W	A	C	S	H	E	V	T	R	E	F	F	U	N	S
E	E	K	N	W	R	M	O	D	P	K	I	I	W	X
J	M	C	I	I	S	R	P	H	O	L	B	Y	R	Q
D	X	N	J	N	K	K	Y	H	S	T	G	Z	F	E
Q	G	Y	P	E	G	L	F	M	T	S	P	O	G	N

Bonus Trivia

According to the hymn, what will occur if you "count your many blessings"?

Angels will come to comfort you.

30

Evelyn M. Boyington

Measurements, Weights, Money

BATH
BEKAH
BUSHEL
CAB
COR
CUBIT
DARIC
DENARIUS
DIDRACHMA
DRACHMA
EPHAH
FARTHING
FATHOM
FIRKIN
FURLONG
HOMER
LOG
MANEH
MEASURE
MILE
MINA
MITE
OMER
PACE
POUND
QUADRANS
REED
SEAH
SHEKEL
SPAN
STATER
TALENT

B	C	T	D	W	X	G	C	A	K	P	N	W	S	D
A	F	I	R	K	I	N	Q	L	Z	S	E	L	I	M
R	M	S	R	T	A	L	E	N	T	L	S	D	Q	W
M	Q	H	N	A	G	M	E	A	S	U	R	E	W	C
U	C	E	C	P	D	N	T	P	S	A	C	N	F	B
G	R	K	S	A	R	E	I	S	C	Y	U	A	U	D
I	C	E	T	C	R	L	E	H	S	U	B	R	F	Q
Y	A	L	M	E	G	D	M	R	T	E	I	I	Q	E
H	A	F	M	O	F	A	X	O	K	R	T	U	M	S
Y	I	O	U	A	H	E	N	A	M	E	A	S	Q	V
U	F	P	T	R	H	A	H	P	E	D	W	F	Z	V
M	E	H	Q	B	L	R	Z	L	R	A	N	I	M	V
T	O	T	C	W	X	O	R	A	T	N	X	U	G	S
M	J	A	I	L	L	C	N	N	H	Z	P	C	O	R
E	B	B	I	M	H	S	P	G	J	K	V	I	L	P

Bonus Trivia

Why were love feasts forbidden by the church in the fourth century?

People were overeating and feeling stuffed all afternoon (some have noted a resemblance to contemporary pot luck dinners here).

31

Sharon Boggs

Saul's Conversion

SAUL	ASTONISHED
THREATENING	ARISE
SLAUGHTER	SPEECHLESS
LETTERS	MEN
HIGH PRIEST	LED HIM
JOURNEYED	THREE
DAMASCUS	DAYS
LIGHT	DISCIPLE
HEAVEN	ANANIAS
FELL	JUDAS
WHY PERSECUTEST	HOUSE
THOU ME	PRAY
JESUS	VISION
KICK AGAINST	SIGHT
THE PRICKS	BAPTIZED
TREMBLING	

W	T	D	A	M	A	S	C	U	S	X	E	N	R	G
H	H	A	N	A	N	I	A	S	L	L	Y	S	N	A
I	G	Y	Z	E	B	B	E	U	P	A	L	I	T	S
G	I	V	P	U	M	L	A	I	R	A	N	H	M	T
H	L	U	S	E	H	S	C	P	U	E	G	X	D	O
P	T	T	R	C	R	S	R	G	T	I	W	E	A	N
R	H	R	E	D	I	S	H	A	S	I	Y	L	Y	I
I	E	E	T	D	X	T	E	Z	N	E	Z	L	S	S
E	P	M	T	I	E	R	A	C	N	E	H	E	M	H
S	R	B	E	R	H	R	S	R	U	O	V	F	D	E
T	I	L	L	T	I	A	U	A	U	T	I	A	S	D
C	C	I	R	S	D	O	S	S	A	D	E	S	E	A
O	K	N	E	U	J	L	E	D	H	I	M	S	I	H
V	S	G	J	N	N	X	J	E	M	U	O	H	T	V
E	E	R	H	T	S	N	I	A	G	A	K	C	I	K

Bonus Trivia

What was the date of the first complete New Testament canon (list of books) as we have it today?

A.D. 367.

32

Marcella Laverman

Philip's Calling

PHILIP	QUESTIONS
DISCIPLE	PROPHECY
CHOSEN	MESSIAH
PREACHER	SALVATION
SENT	EXPLAIN
GAZA	ACCEPTANCE
ETHIOPIAN	WATER
CHARIOT	BAPTISM
HORSES	HOLY SPIRIT
DESERT	CAUGHT AWAY
SCROLL	JOY
ISAIAH	NEW LIFE

Y	C	E	H	P	O	R	P	R	E	A	C	H	E	R
A	Q	O	R	I	I	Z	N	G	P	F	G	J	X	F
C	H	A	I	S	S	E	M	N	E	W	L	I	F	E
C	T	Q	W	T	S	Q	C	O	E	H	J	M	I	G
E	R	A	N	O	N	N	A	I	P	O	I	H	T	E
P	E	E	H	T	F	Z	H	T	Y	O	D	O	V	X
T	S	C	R	O	L	L	B	A	P	T	I	S	M	P
A	E	W	I	I	B	P	W	V	E	A	L	H	X	L
N	D	A	N	R	K	A	D	L	E	K	Y	H	Q	A
C	Q	T	J	A	T	D	R	A	E	Q	V	A	P	I
E	T	E	F	H	O	L	Y	S	P	I	R	I	T	N
I	J	R	G	C	I	V	Y	X	I	V	L	A	N	A
E	Q	U	E	S	T	I	O	N	S	I	V	S	D	Z
S	A	I	G	S	E	S	R	O	H	S	L	I	Z	A
C	P	E	D	I	S	C	I	P	L	E	I	N	L	G

Bonus Trivia

The religious poem (and song) "The Touch of the Master's Hand" compares our lives before Christ to what?

An old musical instrument.

33

Richard Hammer

Women of the Old Testament

ABIGAIL
BILHAH
DEBORAH
DELILAH
DINAH
ELISHEBA
ESTHER
EVE
HAGAR
HEPHZIBAH
HULDAH
JEZEBEL
JOCHEBED
JUDITH
KETURAH
LEAH
MICHAL
MIRIAM
NAOMI
ORPAH
RACHEL
RAHAB
REBEKAH
RUTH
SARAH
TAMAR
ZIPPORAH

H	A	P	R	O	V	U	V	B	A	N	Y	H	N	F
K	Q	N	A	E	C	W	B	R	A	F	J	A	Q	H
W	H	V	M	X	H	A	R	O	B	E	D	D	H	A
N	A	C	A	A	M	T	M	M	Z	E	E	V	E	R
I	E	E	T	I	B	I	S	E	B	O	L	L	V	O
X	X	W	R	P	C	A	B	E	U	W	I	M	M	P
J	V	I	U	H	I	E	H	H	G	S	L	A	X	P
L	A	L	A	E	L	C	A	A	H	W	A	B	N	I
M	W	L	E	H	O	G	W	E	R	A	H	H	R	Z
D	B	H	G	J	A	H	B	L	J	U	R	U	E	K
F	S	I	U	R	U	A	L	O	I	Q	T	Z	B	R
W	A	Q	L	T	L	D	I	N	A	H	O	E	E	J
G	R	A	C	H	E	L	I	A	G	I	B	A	K	I
M	A	H	S	L	A	U	G	T	H	U	H	H	A	M
B	H	A	B	I	Z	H	P	E	H	Y	O	Q	H	Y

Bonus Trivia

One of the great religious works of all time is Blaise Pascal's *Pensees*. What is its title in English?

Thoughts.

34

Sheryl J. Johnson

A Time to . . .
(Ecclesiastes 3:1–8)*

To everything there is a season, a time for every purpose under the heaven:
A time to be born,
And a time to die;
A time to plant,
And a time to pluck what is planted;
A time to kill,
And a time to heal;
A time to break down,
And a time to build up;
A time to weep,
And a time to laugh;
A time to mourn,
And a time to dance;
A time to cast away stones,
And a time to gather stones;
A time to embrace,
And a time to refrain from embracing;
A time to gain,
A time to lose;
A time to keep,
And a time to throw away;
A time to tear,
And a time to sew;
A time to keep silence,
And a time to speak;

D	N	O	S	A	E	S	I	D	N	V	E	T	A	H
E	C	N	E	L	I	S	A	T	N	A	L	P	N	O
Q	A	V	E	C	N	A	D	V	M	E	C	A	E	P
I	L	B	R	H	G	B	Q	N	I	A	R	F	E	R
V	A	O	Q	Y	E	N	E	V	A	E	H	W	O	A
P	E	E	W	I	S	R	V	T	U	I	A	B	H	W
E	H	X	E	M	O	P	A	M	K	D	L	V	G	B
E	V	W	S	C	L	L	I	K	X	O	U	I	U	Y
K	V	X	H	U	V	R	S	C	V	R	N	I	A	G
K	R	E	C	A	R	B	M	E	Q	Y	L	U	L	R
N	L	K	Y	K	N	N	N	U	F	D	G	W	K	E
I	R	W	B	E	A	H	I	R	X	S	K	O	N	H
K	R	U	T	P	B	E	N	W	O	D	C	R	T	T
S	E	N	O	T	S	R	P	R	P	B	Y	H	D	A
Y	F	X	K	M	R	P	R	S	R	A	E	T	K	G

A time to love,
    And a time to hate;
A time of war,
    And a time of peace.

*Find only those words that are underlined.

35

Carol Wenzel

Adam to Jesus

ABIUD
ABRAHAM
ADAM
AHAZ
AKIM
AMMINADAB
AMON
ARPHAZAD
ASA
AZOR
BOAZ
DAVID
EBER
ELEAZAR
ELIAKIM
ELIUD
ENOCH
ENOSH
ISAAC
JACOB
JARED
JESSE
JESUS
JUDAH
KENAN
LAMECH
MAHALEL
METHUSELAH
NAHOR
NAHSHON
NOAH
OBED
PELEG
PEREZ
RAM
REU
SALMON
SERUG
SETH
SHELAH
SHEM
SOLOMON
TERAH
ZADOK

A	N	B	H	A	L	E	S	U	H	T	E	M	C	S
M	B	O	A	R	D	N	K	U	C	R	M	R	E	U
O	N	A	R	P	E	R	E	Z	O	Q	A	T	N	K
N	O	Z	E	H	E	J	L	Z	N	M	H	A	O	N
U	H	D	T	A	M	L	A	D	E	R	A	J	S	A
N	S	U	C	Z	W	J	E	S	S	E	L	Z	H	H
B	H	I	J	A	C	O	B	G	U	R	E	S	D	O
A	A	B	U	D	P	R	A	Z	A	E	L	E	B	R
D	N	A	D	D	A	S	A	L	M	O	N	E	G	N
A	C	K	A	M	H	C	H	X	Z	A	D	O	K	O
N	E	E	H	E	A	J	J	E	S	U	S	I	M	M
I	P	N	M	B	Z	D	U	I	L	E	A	S	A	O
M	L	A	M	E	C	H	D	I	V	A	D	A	I	L
M	D	N	H	R	Z	S	A	B	R	A	H	A	M	O
A	K	I	M	I	K	A	I	L	E	A	X	C	L	S

Bonus Trivia

For what offense was John Bunyan (author of *The Pilgrim's Progress*) given a twelve-year jail term?

Preaching without a license.

36

Carol Wenzel

Biblical Geography

ANTIOCH
ARARAT
ASSYRIA
BABYLON
BEREA
BETHANY
BETHLEHEM
BETHSAIDA
CANA
DAMASCUS
DERBE
EDOM
EGYPT
GALILEE
GETHSEMANE
GILGAL
JERICHO
JERUSALEM
JOPPA
JORDAN
MALTA
MOAB
NAIN
NAZARETH
NILE
NINEVEH
PATMOS
PHILISTA
ROME
SAMARIA
SHECHEM
SHILOH
SINAI
SUSA
TARSUS
TROAS
TYRE
UR
ZOAR

D	A	M	A	S	C	U	S	O	M	T	A	P	Y	X
A	R	E	A	H	P	A	T	L	A	M	E	H	A	P
P	A	H	E	V	E	N	I	N	E	O	N	I	L	E
P	R	E	E	J	W	T	O	L	L	A	G	L	I	G
O	A	L	I	R	P	L	A	P	J	B	I	I	O	E
J	T	H	G	Y	Y	S	H	O	L	I	H	S	A	T
S	R	T	G	B	U	T	B	E	R	E	A	T	D	H
H	O	E	A	R	H	C	O	I	T	N	A	A	I	S
E	A	B	E	T	H	A	N	Y	Y	R	D	B	A	E
C	S	J	E	R	I	C	H	O	S	E	N	I	S	M
H	A	D	O	Z	O	A	R	U	R	A	A	R	H	A
E	O	N	L	R	N	M	S	B	S	N	I	U	T	N
M	S	M	A	B	D	F	E	U	I	B	N	U	E	E
S	A	M	A	R	I	A	S	S	Y	R	I	A	B	N
E	E	L	I	L	A	G	N	A	Z	A	R	E	T	H

Bonus Trivia

On what American monument can one find the Old Testament quote, "Proclaim liberty throughout all the land unto all the inhabitants thereof"?

The Liberty Bell.

37

Pamela Jensen

Waters

ABUNDANCE	JORDAN
ARNON	KANAH
CHINNERETH	KISHON
CILICIA	LAKES
CISTERN	LIVING
COLD	MARAH
DEAD	MEDITERRANEAN
DEEP	MIGHTY
EUPHRATES	NILE
FIRE	ORONTES
FOUNTAINS	OVERFLOWING
GAD	RED
GALILEE	RIVERS
GENNESARET	SALT
GIHON	SEAS
GREAT	STILL
JABBOK	STREAMS
JAZER	WELL
JOPPA	WIDE

L	A	K	E	S	R	E	V	I	R	G	R	E	A	T
S	T	R	E	A	M	S	T	I	L	L	L	L	E	W
A	W	A	Y	D	B	C	J	N	O	H	I	G	L	I
B	S	Q	F	C	A	F	O	S	H	A	U	G	I	D
U	M	E	D	I	T	E	R	R	A	N	E	A	N	E
N	I	U	E	S	R	V	D	A	G	L	J	L	O	J
D	G	P	E	T	O	E	A	N	P	T	T	I	H	A
A	H	H	P	E	R	G	N	I	V	I	L	L	S	B
N	T	R	O	R	C	I	L	I	C	I	A	E	I	B
C	Y	A	S	N	I	A	T	N	U	O	F	E	K	O
E	T	T	O	R	O	N	T	E	S	Z	L	C	F	K
Z	G	E	N	N	E	S	A	R	E	T	S	D	T	A
U	L	S	O	V	E	R	F	L	O	W	I	N	G	N
C	H	I	N	N	E	R	E	T	H	N	O	N	R	A
A	P	P	O	J	A	Z	E	R	K	M	A	R	A	H

Bonus Trivia

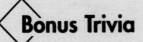

What American President died the same day as C. S. Lewis?

John Kennedy.

38

Pamela Jensen

Prayer Themes

ADORATION
ASK
BLESSING
BREAD
CARE
CLEANSING
CONFESSION
FASTING
FELLOWSHIP
FORGIVENESS
FREE
GLORY
GUIDANCE
HEALING
HEAR
HELP
INTERCESSION
JOY
LIFE
LONGING
LOVE
NO
PETITION
POWER
PRAISE
PROTECTION
RESTORATION
SONG
SUBMISSION
THANKSGIVING
TRUST
VISION
VOW
WAIT
WISDOM
WORD
YES

I	N	T	E	R	C	E	S	S	I	O	N	G	P	L
G	N	H	G	E	O	W	I	S	D	O	M	E	B	O
N	O	A	N	S	N	F	A	Y	I	R	T	C	R	N
O	I	N	I	T	F	A	S	I	A	I	A	N	E	G
S	T	K	S	O	E	S	K	E	T	R	H	A	A	I
S	C	S	N	R	S	T	H	I	E	G	O	D	D	N
E	E	G	A	A	S	I	O	H	E	A	L	I	N	G
N	T	I	E	T	I	N	F	N	R	X	G	U	T	N
E	O	V	L	I	O	G	L	I	F	E	D	G	R	I
V	R	I	C	O	N	O	I	S	S	I	M	B	U	S
I	P	N	S	N	O	I	T	A	R	O	D	A	S	S
G	I	G	J	I	V	Y	D	D	H	S	A	M	T	E
R	E	W	O	P	V	N	R	N	E	J	E	V	O	L
O	O	I	Y	N	O	O	E	G	L	O	R	Y	U	B
F	E	L	L	O	W	S	H	I	P	R	A	I	S	E

Bonus Trivia

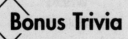

What important Christian book contains the characters Slubgob, Wormwood, and Glubose?

The Screwtape Letters.

39

Pamela Jensen

Feasts

ATONEMENT
BLOOD
BREAD
CELEBRATE
DELIVERANCE
EGYPT
ESTHER
EXODUS
HAMAN
HARVEST
HOLY
LAND
LIGHTS
MEMORIAL
MOON
MOURNING
NEW
OFFERING
PASSOVER
PENITENCE
PENTECOST
PROMISED
PURIM
SABBATH
SACRIFICE
SOLEMN
TABERNACLES
TEMPLE
TRUMPETS
UNLEAVENED
WEEKS
WHEAT
WORSHIP

M	O	U	R	N	I	N	G	B	L	O	O	D	G	T
I	S	E	L	C	A	N	R	E	B	A	T	E	X	E
R	E	H	T	S	E	S	V	T	M	L	C	L	G	M
U	W	G	F	P	I	H	S	R	O	W	E	I	N	P
P	E	N	T	E	C	O	S	T	O	S	L	V	U	L
E	E	I	T	A	E	H	W	E	N	T	E	E	N	E
N	K	R	P	C	N	P	X	R	C	E	B	R	L	C
I	S	E	Y	S	O	L	E	M	N	P	R	A	E	I
T	K	F	G	G	A	V	K	H	A	M	A	N	A	F
E	H	F	E	X	O	D	U	S	B	U	T	C	V	I
N	O	O	M	S	T	H	G	I	L	R	E	E	E	R
C	L	T	S	E	V	R	A	H	B	T	E	Z	N	C
E	Y	A	T	O	N	E	M	E	N	T	B	A	E	A
O	P	R	O	M	I	S	E	D	R	L	A	N	D	S
M	E	M	O	R	I	A	L	H	T	A	B	B	A	S

Bonus Trivia

What document says people are "endowed by their Creator with certain unalienable Rights"?

The Declaration of Independence.

40

Cheryl Keiser

Cities

AI
AIN
ALMON
BABYLON
BEZER
DEBIR
EPHESUS
GAZA
GEBA
GEZER
GIBEON
GOLAN
HEBRON
HOLON
HORAN
JATTIR
JERICHO
JERUSALEM
KARTAH
KARTAN
KEDESH
LAODICEA
LUZ
OG
PERGAMOS
PHILADELPHIA
RAMOTH
REHOB
ROME
SAMARIA
SMYRNA

Q	U	N	A	T	R	A	K	A	R	T	A	H	P	B
S	U	S	E	H	P	E	E	I	M	A	X	J	E	G
T	R	I	B	E	D	Y	D	N	V	L	M	Z	R	E
G	A	Z	A	E	Q	R	E	N	A	A	E	E	G	Z
E	I	S	C	O	O	K	S	I	H	R	H	F	A	E
B	R	M	O	M	B	D	H	J	B	O	O	A	M	R
A	A	I	E	H	G	A	M	Y	B	G	L	H	O	A
N	M	A	W	L	N	R	B	U	T	M	P	O	S	E
R	A	Z	P	O	A	R	D	Y	O	E	H	I	N	C
Y	S	L	E	M	N	S	I	N	L	C	S	S	J	I
M	K	B	O	Y	O	Q	U	T	I	O	M	X	I	D
S	I	T	G	G	R	Z	D	R	T	Y	N	S	M	O
G	H	Z	O	Q	B	X	E	F	E	A	Z	I	Z	A
I	Y	X	B	B	E	J	W	G	M	J	J	U	R	L
Z	D	V	A	I	H	P	L	E	D	A	L	I	H	P

Bonus Trivia

What daughter of a famous pastor was described by Lincoln as "the little lady who made this big war"?

Harriet Beecher Stowe.

41

Carol Borror Leath

Noah's Great-Grandsons

ANAMIM
ASHKENAZ
CAPHTORIM
CASLUHIM
DODANIM
ELISHAH
GETHER
HAVILAH
HETH
HUL
KITTIM
LEHABIM
LUDIM
MASH
NAPHTUHIM
NIMROD
PATHRUSIM
RAAMAH
RIPHATH
SABTAH
SABTECHAH
SALAH
SEBA
SIDON
TARSHISH
TOGARMAH
UZ

J	G	H	E	L	I	S	H	A	H	I	P	S	C	C
D	J	A	G	S	Y	M	I	S	U	R	H	T	A	P
H	O	M	H	E	A	P	V	E	P	Y	C	P	S	M
A	H	R	P	B	T	R	A	A	M	A	H	M	L	B
L	Z	A	M	A	O	H	H	C	P	T	E	I	U	Y
A	T	G	L	I	R	F	E	C	O	M	T	M	H	M
S	X	O	D	T	N	M	K	R	E	N	H	A	I	I
A	L	T	A	R	S	H	I	S	H	B	A	N	M	B
S	I	I	U	O	F	M	H	H	H	R	A	A	G	A
H	M	B	V	B	K	G	A	T	U	D	K	G	Q	H
K	I	T	T	I	M	V	T	D	O	T	B	I	L	E
E	D	N	O	D	I	S	B	D	I	H	H	U	R	L
N	U	X	U	L	P	O	A	H	T	A	H	P	I	R
A	L	M	A	S	H	R	S	Y	L	G	R	U	A	D
Z	U	H	U	Q	S	A	B	T	E	C	H	A	H	N

Bonus Trivia

The refrain of a Fanny Crosby hymn ends with "Let us hope and trust, Let us watch and pray, And labor till the Master comes." What is the first part of that refrain?

"Toiling on, toiling on, toiling on, toiling on, Toiling on, toiling on, toiling on, toiling on."

42

Carol Borror Leath

Tabitha Raised to Life

ALMSDEEDS
DIED
DISCIPLE
DORCAS
FULL OF GOOD WORKS
GARMENTS
GAVE HIS HAND
JOPPA
KNEELED
KNOWN THROUGHOUT
LIFTED HER UP
LYDDA
OPENED HER EYES
PETER
PRAYED
PRESENTED ALIVE
SAINTS
SENT TWO MEN
SHE SAT UP
SHE WAS SICK
SHEWING THE COATS
"TABITHA, ARISE"
UPPER CHAMBER
WEEPING
WIDOWS

F	T	C	P	U	R	E	H	D	E	T	F	I	L	S
P	U	P	P	E	R	C	H	A	M	B	E	R	G	T
R	O	L	S	T	N	E	M	R	A	G	G	H	A	A
E	H	P	L	S	A	I	N	T	S	T	N	B	V	O
S	G	A	L	O	P	E	T	E	R	A	I	D	E	C
E	U	L	D	Y	F	U	L	C	P	T	P	E	H	E
N	O	M	E	W	D	G	T	P	H	R	E	Y	I	H
T	R	S	L	I	J	D	O	A	I	S	E	A	S	T
E	H	D	E	D	B	J	A	O	S	C	W	R	H	G
D	T	E	E	O	Q	R	G	A	D	E	S	P	A	N
A	N	E	N	W	I	D	I	E	D	W	H	I	N	I
L	W	D	K	S	A	C	R	O	D	K	O	S	D	W
I	O	S	E	N	T	T	W	O	M	E	N	R	N	E
V	N	N	K	C	I	S	S	A	W	E	H	S	K	H
E	K	O	P	E	N	E	D	H	E	R	E	Y	E	S

Bonus Trivia

Approximately how many sermons did John Wesley preach?

40,000 (To better appreciate this feat, note that if a man preached fifteen sermons a week every week for fifty years, he would still come up short of Wesley's figure).

43

Faith Wade

Agriculture

BARLEY
BARN
BINDING
CORN
DROUGHT
FAN
FALLOW
FAMINE
FIELD
FLAX
FROST
FURROW
GLEANING
GRAIN
GROUND
HARROW
HARVEST
MOWER
PLOW
PLOWING
REAPING
SEED
SHEAF
SHEAVES
SHOVEL
SICKLE
SOWING
THRESHING
WATER
WHEAT
WINNOWED

N	R	W	Y	Z	V	J	Z	Y	E	L	R	A	B	H
R	E	B	G	C	M	Y	M	S	W	O	L	L	A	F
H	A	G	N	I	H	S	E	R	H	T	K	E	Z	A
J	P	E	I	B	I	N	D	I	N	G	K	V	G	P
K	I	L	W	D	E	W	O	N	N	I	W	O	L	P
V	N	K	O	H	W	O	R	R	A	H	A	H	E	L
D	G	C	S	W	O	P	G	F	E	F	T	S	A	O
Q	T	I	P	W	I	K	A	A	H	S	E	S	N	P
H	H	S	C	E	S	N	T	J	O	Y	R	S	I	L
P	G	D	N	U	O	R	G	R	A	I	N	I	N	F
X	U	L	B	W	X	U	F	U	R	R	O	W	G	A
B	O	E	H	A	R	V	E	S	T	J	D	D	H	E
K	R	I	L	N	R	O	C	I	M	O	W	E	R	H
M	D	F	Y	M	F	N	B	S	E	V	A	E	H	S
W	T	B	Y	G	L	E	N	I	M	A	F	S	G	H

Bonus Trivia

What Puritan brothers had names meaning "to grow greater" and "cloth-producing plant"?

The Mathers (Increase and Cotton).

44

Faith Wade

Professions

BAKER
BARBER
CARPENTER
CARVER
CONFECTIONER
COOK
COPPERSMITH
CRAFTSMEN
ENGRAVER
FISHERMAN
FOUNDER
FULLER
GARDENER
GOLDSMITH
PHYSICIAN
PORTER
REFINER
SILVERSMITH
SMITH
TANNER
WEAVER

G	R	Q	A	I	Z	N	E	M	S	T	F	A	R	C
D	R	M	W	A	R	E	T	N	E	P	R	A	C	B
U	E	S	H	T	I	M	S	R	E	V	L	I	S	A
H	N	E	T	G	M	W	Y	S	A	C	Y	Y	P	R
T	N	A	I	C	I	S	Y	H	P	O	S	O	J	B
I	A	V	M	R	M	Q	R	S	M	I	T	H	K	E
M	T	P	S	M	R	E	N	I	F	E	R	E	V	R
S	E	I	R	E	N	O	I	T	C	E	F	N	O	C
D	C	E	E	R	E	K	L	A	C	O	O	K	R	Z
L	A	X	P	R	E	T	R	O	P	O	U	V	E	I
O	R	E	P	P	G	Y	J	O	J	G	N	C	K	Q
G	V	Z	O	N	K	B	R	E	N	E	D	R	A	G
P	E	U	C	B	E	F	D	E	Y	L	E	T	B	G
L	R	E	L	L	U	F	I	S	H	E	R	M	E	N
A	W	E	A	V	E	R	E	V	A	R	G	N	E	N

Bonus Trivia

The name of what religious season comes from the Latin for "to come"?

Advent (ad venire).

45

Miya McKenney

Israelites' Offerings to Construct the Tabernacle

AGATE
ARTIST
BAKERS
BERYL
BRASS
CARBUNCLE
CLOTH
EARRINGS
EMERALDS
ENGRAVERS
FINE LINEN
FLAX
GOLD
JASPER
JEWELERS
OIL
ONYX
RINGS
SAPPHIRE
SILVER
SKILLS
SKINS
SPICES
SPINNERS
STONES
TOPAZ
WEAVERS
WOOL

S	E	C	I	P	S	G	J	S	G	A	Y	M	N	K
C	D	O	G	E	I	B	J	K	O	E	A	D	S	T
K	L	S	N	Q	N	E	N	I	L	E	N	I	F	O
X	Y	O	R	Y	V	R	V	N	D	P	L	L	S	P
X	T	V	T	Z	X	Y	D	S	E	V	U	O	G	A
S	J	G	R	H	Q	L	A	R	E	V	L	O	N	Z
S	A	S	P	I	N	N	E	R	S	V	S	W	I	M
R	S	F	S	E	L	C	N	U	B	R	A	C	R	S
E	P	C	K	D	N	O	F	G	E	L	P	W	R	R
V	E	R	I	N	G	S	L	V	N	B	P	Z	A	E
A	R	H	L	H	X	R	A	W	A	V	H	V	E	L
R	A	U	L	I	O	E	X	I	M	Y	I	E	J	E
G	F	H	S	P	W	K	T	S	I	T	R	A	G	W
N	V	E	M	E	R	A	L	D	S	I	E	K	R	E
E	T	A	G	A	W	B	R	A	S	S	K	J	I	J

Bonus Trivia

What obscure apostle did Danny Thomas admire enough to name a children's hospital after him?

Jude.

46

Miya McKenney

Titles and Names of Christ

ALMIGHTY
ALPHA
AMEN
BRANCH
DELIVERER
DOOR
EMMANUEL
FIRST
GOD
GOVERNOR
HEAD
HEIR
HOLY
JESUS
JUDGE
KING
LAMB
LAST
LIFE
LORD
MESSIAH
NAZARENE
OMEGA
PRINCE
PROPHET
REDEEMER
RESURRECTION
ROCK
RULER
SAVIOR
SERVANT
SON
STAR
TRUTH
VINE
WAY
WISDOM
WONDERFUL
WORD

L	A	S	T	H	C	N	A	R	B	O	T	N	N	H
E	P	N	A	H	P	L	A	I	N	R	Y	J	O	E
U	N	C	O	A	O	T	R	A	U	T	U	L	S	A
N	K	C	M	I	S	I	Z	T	H	D	Y	S	L	D
A	E	L	E	S	T	A	H	G	G	O	X	A	Y	R
M	C	M	G	S	R	C	I	E	J	R	M	V	W	O
M	N	Q	A	E	L	M	E	G	F	B	O	I	Q	N
E	I	C	N	M	L	U	F	R	E	D	N	O	W	R
P	R	E	S	A	D	I	E	G	R	H	P	R	D	E
W	P	R	U	R	R	M	G	O	R	U	L	E	R	V
V	O	J	I	S	E	V	L	D	G	F	S	H	I	O
E	R	R	T	E	G	N	T	N	A	V	R	E	S	G
F	S	G	D	B	H	D	I	T	E	H	P	O	R	P
I	J	E	S	U	S	K	J	V	M	O	D	S	I	W
L	R	O	C	K	S	R	E	R	E	V	I	L	E	D

Bonus Trivia

What missionary wrote, "No one knows the value of water till he is deprived of it . . . I have drunk water with rhinoceros urine and buffaloes' dung"?

David Livingstone.

47

Pamela Jensen

Moses

AARON
AMRAM
BASKET
BROKE
BURNING
BUSH
CALF
COMMANDMENTS
COVENANT
DEATH
EGYPT
FIRSTBORN
FLEES
FORTY
GLORY
GOLD
HEARS
HIDDEN
JOCHEBED
KILLS
LAND
LAW
LEADS
MIDIAN
MOUNT
NEBO
NILE
PHARAOH
PLAGUES
PROMISED
RED
SAVED
SEA
SEES
SHEPHERD
SINAI
SONG
SPIES
SPOKE
TEN
WILDERNESS
ZIPPORAH

A	M	R	A	M	O	U	N	T	R	T	F	L	A	C
L	E	V	H	A	R	O	P	P	I	Z	L	P	E	S
D	R	E	H	P	E	H	S	Y	E	R	E	D	K	S
F	K	I	L	L	S	O	N	G	N	S	E	A	O	E
C	O	M	M	A	N	D	M	E	N	T	S	P	P	N
O	D	L	O	G	I	E	T	L	A	N	D	R	S	R
V	U	Z	A	U	R	B	A	S	K	E	T	O	D	E
E	S	R	A	E	H	E	N	A	I	D	I	M	A	D
N	S	E	E	S	B	H	S	U	B	D	A	I	E	L
A	L	P	Q	N	P	C	Y	J	U	I	N	S	L	I
N	E	B	O	O	C	O	T	Z	R	H	I	E	I	W
T	G	L	O	R	Y	J	R	L	N	N	S	D	N	P
W	A	P	H	A	R	A	O	H	I	S	P	I	E	S
W	L	D	E	A	T	H	F	F	N	S	A	V	E	D
F	I	R	S	T	B	O	R	N	G	E	K	O	R	B

Bonus Trivia

In 1790 Philadelphia Quakers provided a building where people who needed to repent were made to meditate alone on Scripture. What was this experiment called?

A penitentiary.

48

Pamela Jensen

David

ALTAR
ARK
BATHSHEBA
CENSUS
COURAGE
COVENANT
FAITH
FAMINE
FLEES
GOLIATH
HARP
HEBRON
ISRAEL
JERUSALEM
JESSE
JONATHAN
JOY
JUDAH
KING
LOVE
MERCY
MICHAL
MUSICIAN
NATHAN
PHILISTINES
PRAISE
PRAY
PRAYER
PROPHET
PSALMIST
REIGN
SAFE
SAMUEL
SAUL
SOLOMON
SONG
SPIRIT
TEMPLE
UNITED
URIAH
WAR

J	S	L	L	Z	T	E	H	P	O	R	P	I	J	L
E	L	E	R	E	N	I	M	A	F	J	P	N	U	A
S	E	A	E	C	A	H	A	I	R	U	T	O	D	H
S	U	R	I	Y	N	A	I	C	I	S	U	M	A	C
E	M	S	G	C	E	R	G	N	I	K	N	O	H	I
F	A	I	N	R	V	P	D	M	Y	U	I	L	P	M
A	S	Y	L	E	O	A	L	T	A	R	T	O	R	E
S	B	A	U	M	C	A	R	A	W	V	E	S	A	L
P	P	R	A	I	S	E	B	K	Z	J	D	L	Y	A
I	V	P	S	P	H	I	L	I	S	T	I	N	E	S
R	E	J	O	N	A	T	H	A	N	X	L	O	R	U
I	T	O	N	G	O	L	I	A	T	H	O	R	T	R
T	T	Y	G	C	O	U	R	A	G	E	V	B	H	E
A	B	E	H	S	H	T	A	B	F	L	E	E	S	J
L	Z	R	T	E	M	P	L	E	N	A	T	H	A	N

Bonus Trivia

What Watergate participant has become a leader in prison ministry?

Chuck Colson.

49

D. Hittner

Bible Mountains

ABARIM
BAALAH
BETHEL
CARMEL
EBAL
GERIZIM
GILBOA
GILEAD
HERMON
HILL OF MOREH
HOR
HOREB
JEARIM
KARN HATTIN
LEBANON
MORIAH
MT EPHRAIM
MT OF ESAU
MT OF SAMARIA
NAPHTALI
NEBO
OLIVES
PARAN
PERAZIM
SEIR
SHAPHER
SINA
SINAI
TABOR
ZEMARAIM
ZION

H	E	R	O	M	F	O	L	L	I	H	K	R	Q	W
H	N	N	I	T	T	A	H	N	R	A	K	E	D	T
W	U	A	S	E	F	O	T	M	Z	I	O	N	Q	O
K	N	O	P	P	G	M	F	U	E	R	Q	N	A	U
C	M	O	N	H	Q	I	P	S	M	O	O	M	S	D
A	I	E	N	R	T	Z	L	A	A	M	A	I	I	O
T	R	B	A	A	L	A	H	E	R	M	N	Z	D	Q
Y	A	O	E	I	B	R	L	E	A	A	A	I	H	L
P	B	B	M	M	E	E	H	I	I	D	N	R	Y	C
D	A	E	O	Y	M	P	L	H	M	G	S	E	I	R
L	P	N	T	R	A	O	B	L	I	G	J	G	Y	A
M	B	P	A	H	G	H	B	E	R	O	H	U	E	U
W	H	C	S	I	E	U	U	Z	A	T	N	O	V	T
P	H	C	M	O	O	L	I	V	E	S	D	G	Y	I
A	B	E	K	G	N	J	L	Q	J	I	Q	N	R	P

Bonus Trivia

What famous evangelist often ended his preaching by quoting the poem "Slide, Kelly, Slide," in allusion to his major-league record of 95 stolen bases in one season?

Billy Sunday.

50

D. Hittner

Bible Couples

ABIGAIL
ABRAHAM
ADAM
AHAB
AMRAM
ANANIAS
AQUILA
BATHSHEBA
BOAZ
DAVID
ELIZABETH
EVE
GOMER
HOSEA
ISAAC
JACOB
JEZEBEL
JOCHEBED
LEAH
MICHAL
MOSES
NABAL
PRISCILLA
REBEKAH
RUTH
SAPPHIRA
SARAH
URIAH
ZACHARIAH
ZIPPORAH

B	A	T	H	S	H	E	B	A	M	R	A	M	W	Z
A	B	R	H	A	A	L	L	I	C	S	I	R	P	A
S	R	O	I	T	R	A	B	I	G	A	I	L	S	C
R	A	M	C	H	U	O	V	H	Z	R	D	L	T	H
B	H	I	F	A	P	R	P	S	A	A	E	E	S	A
P	A	C	N	A	J	P	I	P	N	K	B	V	C	R
N	M	H	D	A	A	K	A	A	I	H	E	E	S	I
K	Q	A	A	S	N	Q	B	S	H	Z	H	B	T	A
Y	M	L	Q	P	U	A	K	O	I	E	C	S	E	H
P	B	Y	C	I	L	L	S	R	E	M	O	G	W	R
S	D	J	L	A	L	E	B	E	Z	E	J	F	I	U
J	V	A	B	H	A	R	A	S	H	A	E	L	T	G
I	H	T	V	M	O	S	E	S	X	Z	O	A	B	Q
O	W	H	U	I	P	M	I	F	N	Y	S	B	Y	O
L	T	W	Q	D	D	D	N	S	V	T	O	L	S	A

Bonus Trivia

Who was the first famous American novelist of Christian romances?

Grace Livingston Hill.

Word Search Answers

Puzzle #1

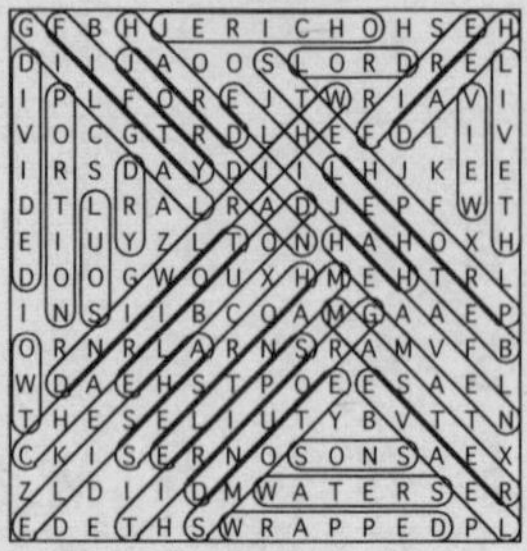

Puzzle #2

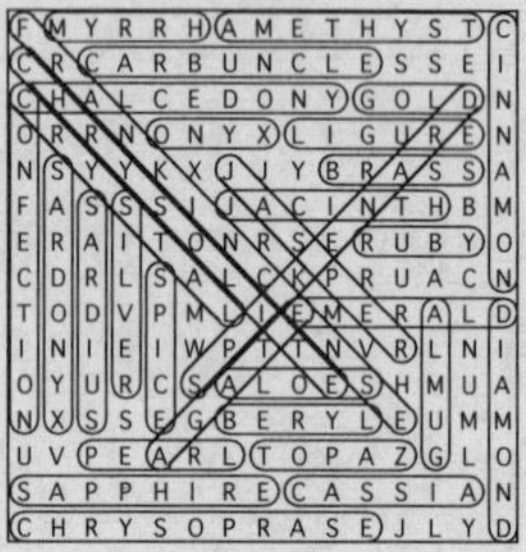

Puzzle #3

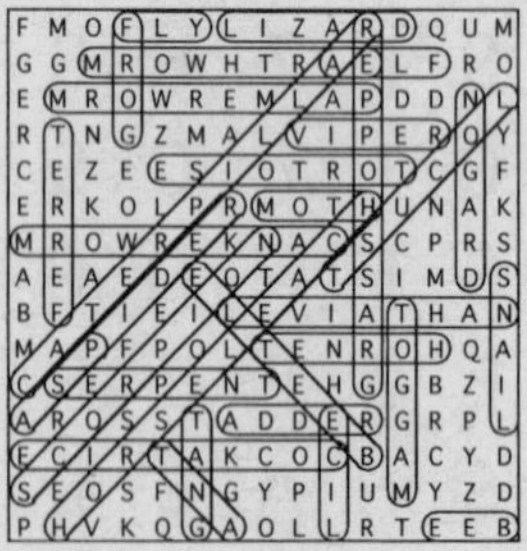

Puzzle #4

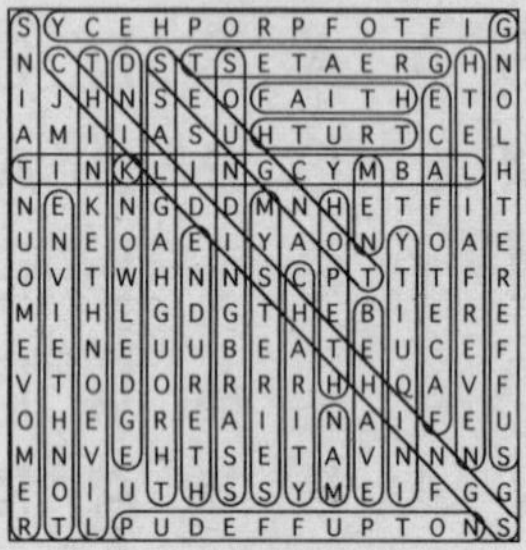

Puzzle #5

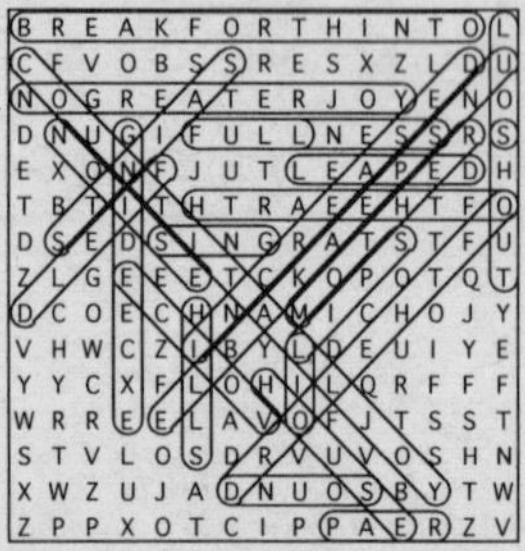

Puzzle #6

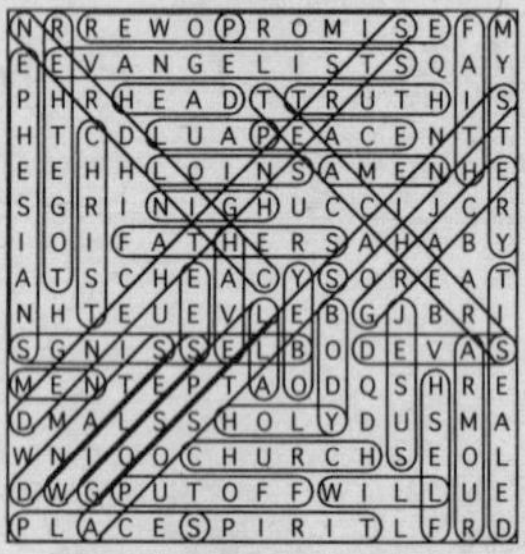

Puzzle #7

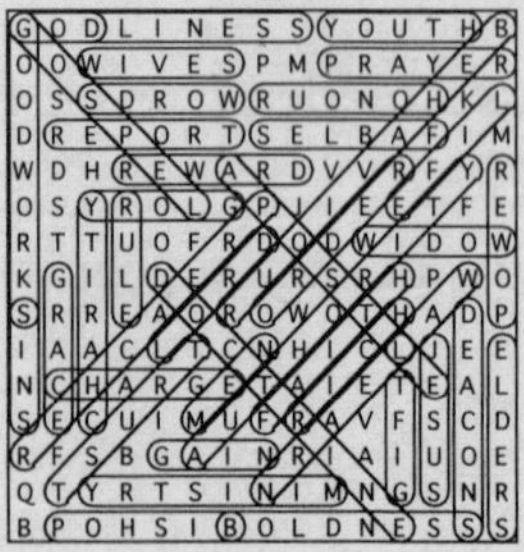

Puzzle #8

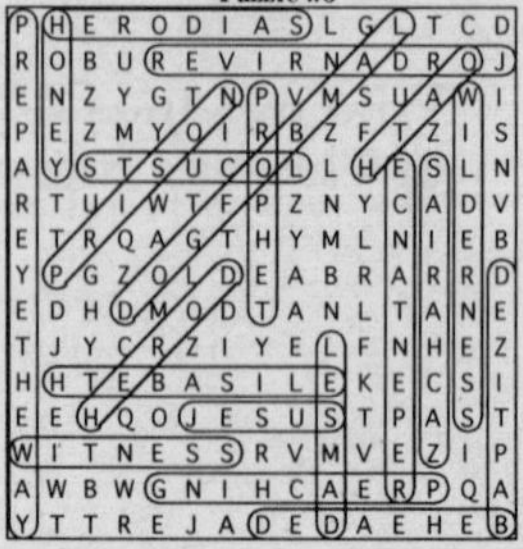

Puzzle #9

S	R	E	C	I	F	F	O	S	R	A	E	Y	A	X
K	T	L	F	N	D	O	C	L	O	P	A	N	X	S
R	H	C	K	L	E	U	R	L	R	O	U	E	L	R
S	O	V	U	V	P	N	A	E	H	S	S	R	E	A
Y	U	S	E	N	O	T	S	W	K	T	C	H	G	T
E	S	O	I	X	R	A	N	G	E	L	S	T	I	S
B	A	E	E	I	E	I	O	Q	C	E	F	E	O	H
G	N	N	B	T	E	N	I	C	A	S	X	R	N	C
E	D	E	A	F	T	S	T	E	K	S	A	B	S	R
P	S	K	S	G	E	G	A	T	E	S	H	K	U	A
A	C	S	E	Z	I	O	D	C	S	T	U	H	Q	I
R	K	V	I	G	S	C	N	U	S	Q	X	H	Q	R
R	Q	B	T	U	I	N	U	D	C	A	M	I	L	T
C	U	B	I	T	S	P	O	O	N	S	F	W	P	A
D	U	H	C	G	U	R	F	S	R	A	L	L	I	P

Puzzle #10

S	K	R	O	W	G	I	V	E	B	V	B	G	E	G
D	H	C	S	E	M	I	T	N	E	V	E	S	C	K
P	A	E	L	N	E	Q	S	H	V	L	Q	I	G	X
Y	L	L	A	U	N	I	T	N	O	C	D	N	N	Y
W	X	B	F	V	I	A	W	T	L	A	S	G	I	K
S	T	H	G	I	E	H	E	X	T	O	L	I	V	S
E	L	F	C	R	H	N	V	E	Q	P	N	G	I	L
C	Y	E	B	O	C	T	A	I	Y	E	A	Y	G	I
I	W	O	N	F	D	R	Y	N	C	R	Z	Q	S	W
F	V	O	E	F	E	F	W	F	D	F	B	D	K	O
I	R	S	A	E	I	X	A	K	A	E	P	S	N	R
R	Z	S	D	R	Z	A	A	T	A	C	A	X	A	T
C	U	E	O	A	G	H	Q	L	V	T	K	R	H	H
A	B	L	R	E	S	H	O	U	T	F	D	S	T	Y
S	G	B	E	W	A	I	T	M	W	H	Z	Z	T	H

Puzzle #11

E	S	A	O	R	T	L	G	A	L	A	T	I	A	I
B	P	A	P	H	O	S	R	S	B	Z	O	N	I	A
D	E	R	B	E	W	T	S	R	A	A	T	F	C	C
A	G	R	E	P	S	A	M	A	R	I	A	A	A	I
Q	B	C	C	Y	P	R	U	S	O	M	I	E	R	N
P	H	I	L	I	P	P	I	C	W	E	R	P	H	O
P	I	L	A	V	I	S	H	I	M	A	Y	H	T	L
A	A	I	I	Z	S	P	H	O	P	T	S	E	O	A
M	I	C	S	S	I	H	R	R	F	T	D	S	M	S
P	N	I	Y	C	D	E	R	R	Q	A	A	U	A	S
H	O	A	M	U	I	N	O	C	I	L	L	S	S	E
Y	A	D	N	Y	A	I	Q	I	K	I	G	O	R	H
L	C	R	B	Z	B	C	Y	E	A	A	L	W	M	T
I	Y	E	B	T	T	E	N	E	A	P	O	L	I	S
A	L	M	A	C	E	D	O	N	I	A	N	R	M	Y

Puzzle #12

H	A	I	A	S	I	B	H	A	C	I	M	G	D	H
M	G	N	H	A	I	M	E	R	E	J	U	N	A	A
V	W	D	G	A	T	A	H	I	J	A	H	B	V	I
S	Z	G	G	V	J	Y	L	E	I	N	A	D	I	N
B	A	K	A	E	L	I	S	H	A	K	N	E	D	A
H	C	E	X	J	Z	J	R	D	K	M	W	B	M	H
O	H	S	A	M	U	E	L	U	H	E	J	O	O	P
S	A	H	I	A	O	R	K	Q	W	D	S	O	S	E
E	R	E	L	V	N	H	A	I	R	A	H	C	E	Z
A	I	M	A	L	A	C	H	I	E	D	I	L	S	G
D	A	A	G	I	T	X	A	F	H	L	D	B	N	J
X	S	I	D	M	H	Q	N	Q	E	A	I	K	O	E
J	E	A	D	G	A	S	O	O	D	P	W	J	R	H
K	B	H	A	V	N	R	J	U	I	N	A	N	A	H
O	D	D	I	M	A	A	L	A	B	N	L	H	A	H

Puzzle #13

G	S	E	V	R	E	S	C	B	L	G	C	S	S	Y
N	S	P	F	S	Y	F	O	R	E	U	B	I	U	J
I	E	G	O	M	K	I	M	Q	J	I	N	X	O	U
N	L	N	R	T	V	L	P	D	B	L	O	P	E	R
R	M	I	G	S	L	G	A	E	E	E	H	R	T	R
E	R	P	I	U	U	E	S	S	N	L	U	R	H	E
C	A	L	V	J	F	N	S	K	E	E	M	W	G	W
S	H	E	I	V	I	T	I	S	V	S	B	F	I	O
I	K	H	N	S	C	L	O	U	O	S	L	S	R	P
D	O	O	G	E	R	E	N	O	L	P	E	M	Q	C
A	W	M	S	H	E	O	A	L	E	O	H	J	P	A
Y	X	K	L	C	M	H	T	A	N	U	V	V	L	Z
T	L	X	A	A	O	U	E	E	T	M	R	I	M	S
U	J	O	E	E	L	R	O	Z	G	H	V	T	N	S
L	U	F	H	T	I	A	F	G	Q	E	N	U	C	G

Puzzle #14

T	A	S	K	M	A	S	T	E	R	S	X	L	J	S
H	A	I	L	T	S	O	P	R	O	O	D	O	F	M
U	F	X	Q	H	K	F	U	Z	F	X	B	C	B	R
N	L	K	E	C	I	L	S	T	R	A	W	U	S	A
D	A	K	I	O	F	E	S	B	O	I	L	S	R	W
E	M	R	D	S	S	W	Q	M	G	E	I	T	T	S
R	B	L	O	O	D	R	B	C	S	G	G	V	H	F
D	O	R	M	A	G	I	C	I	A	N	S	O	I	L
E	N	P	G	P	E	V	Z	A	M	L	A	R	T	I
L	D	N	I	W	Y	E	G	U	T	R	S	S	N	E
C	A	I	M	A	E	R	I	F	A	T	E	Y	E	S
A	G	O	E	G	Y	P	T	H	B	C	L	S	P	I
R	E	Q	B	K	J	Z	P	O	N	D	S	E	R	G
I	N	N	F	A	C	S	R	E	D	N	O	W	E	N
M	X	A	A	R	O	N	D	A	R	K	N	E	S	S

Puzzle #15

H	S	R	O	B	E	H	U	B	Q	S	F	I	Y	E
H	K	I	S	S	E	D	Z	Y	G	E	N	G	N	Q
V	S	N	K	I	H	I	A	Q	R	O	L	I	A	Y
D	U	G	L	P	E	V	I	L	A	H	W	A	W	H
J	H	O	U	S	E	P	E	H	G	S	P	E	N	T
Q	S	T	D	I	J	O	U	R	N	E	Y	T	A	R
T	S	A	A	D	S	N	A	O	I	R	U	N	U	O
G	E	S	F	E	G	G	I	T	C	V	K	R	Q	W
A	L	D	A	E	D	S	L	I	N	A	G	F	W	Y
Q	C	V	R	F	S	N	S	F	A	N	A	I	R	A
G	D	W	N	A	L	U	T	B	D	T	H	E	N	S
Y	N	S	P	M	M	A	Z	P	H	S	D	L	Q	W
Z	U	M	I	I	E	Y	C	E	N	L	C	D	T	S
X	O	U	Y	N	X	Y	R	R	E	M	H	M	J	O
C	F	O	A	E	L	E	Z	Z	B	M	Y	U	W	N

Puzzle #16

L	W	E	C	A	E	P	T	C	E	F	R	E	P	N
L	J	E	S	U	S	C	H	R	I	S	T	P	C	C
E	K	A	S	R	O	F	A	S	Z	Y	U	F	F	O
A	H	P	C	U	S	D	E	Y	A	M	S	I	D	M
V	I	C	R	M	R	T	T	D	E	E	N	Q	Y	M
E	M	A	A	I	D	D	R	E	H	P	E	H	S	I
V	G	L	N	N	Z	E	E	E	E	R	L	D	F	T
E	R	L	S	D	T	D	F	T	N	A	W	O	O	S
V	A	V	W	S	I	F	V	S	S	G	C	A	R	E
U	E	H	E	A	A	T	R	U	S	T	T	F	E	D
A	P	Y	R	I	G	V	P	O	W	E	R	H	V	W
V	P	F	N	D	L	P	A	S	S	E	T	H	E	W
P	A	T	S	A	L	V	A	T	I	O	N	F	R	N
T	O	D	A	Y	R	O	L	G	S	R	E	T	A	W
T	R	A	E	H	V	C	C	Y	R	I	C	H	E	S

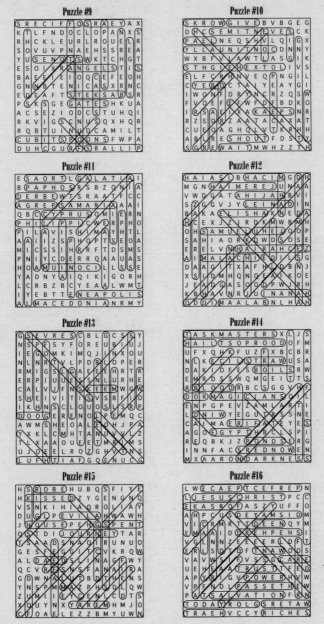

Puzzle #17

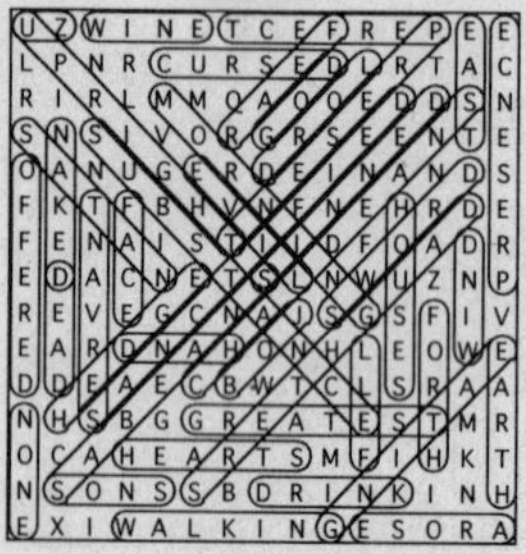

Puzzle #18

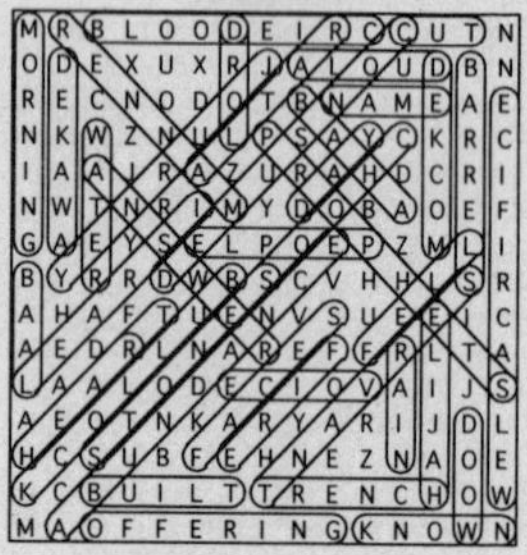

Puzzle #19

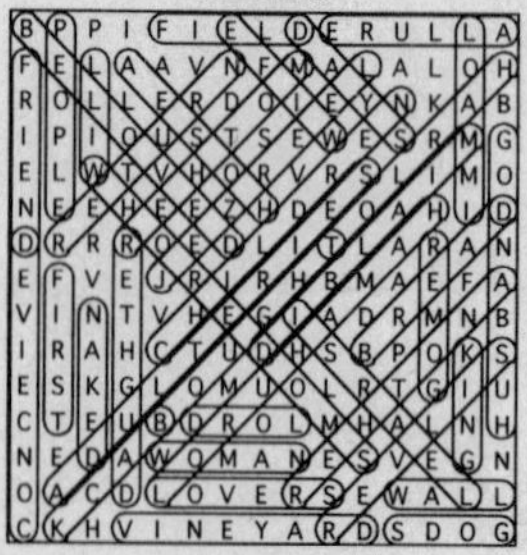

Puzzle #20

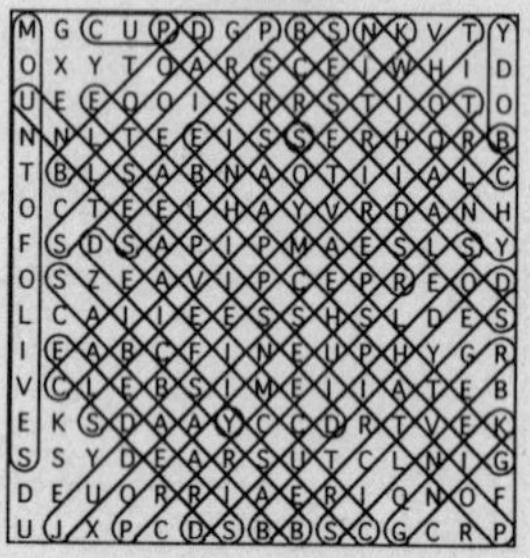

Puzzle #21

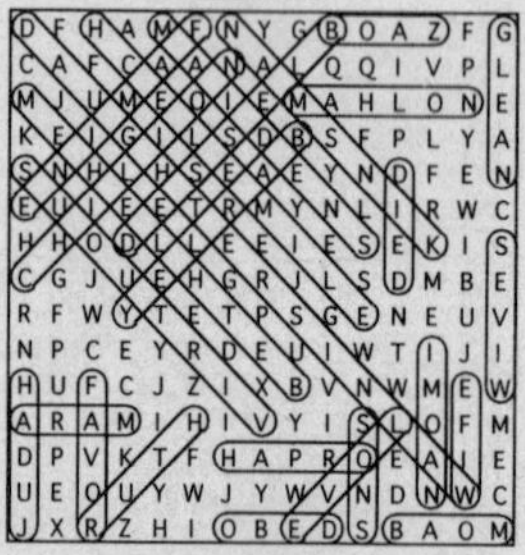

Puzzle #22

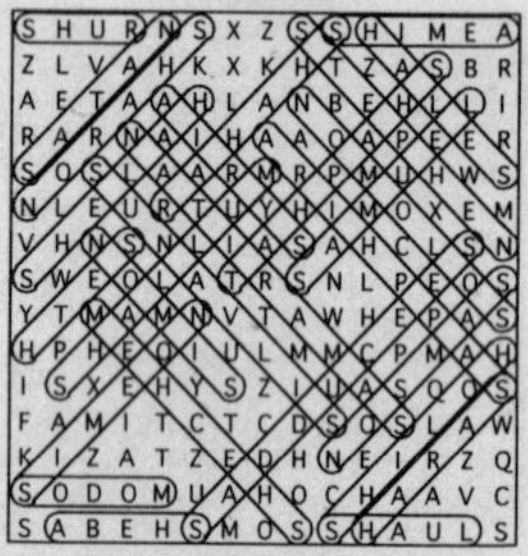

Puzzle #23

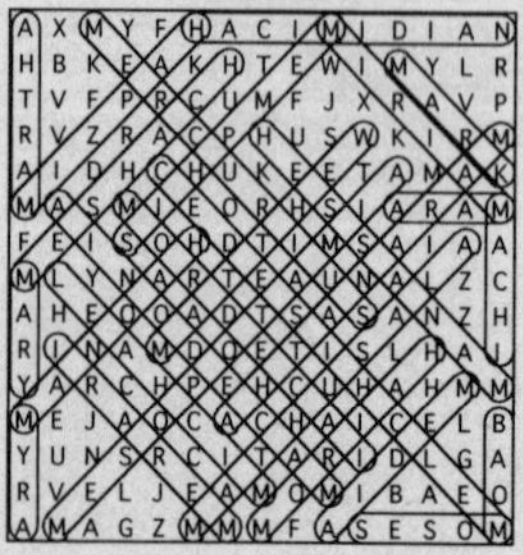

Puzzle #24

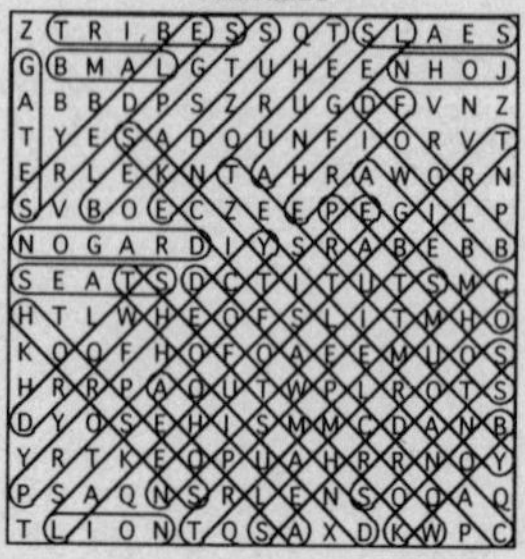

Puzzle #25

F	O	R	E	H	E	A	D	T	O	S	Y	B	V	G
I	M	Q	U	Y	D	P	A	Z	E	H	A	A	O	Q
G	S	A	U	L	E	R	E	R	S	T	C	L	Z	M
H	Q	E	E	Y	G	L	V	F	T	E	I	O	O	M
T	M	I	N	E	Q	A	L	L	N	A	I	U	H	T
T	H	L	T	I	N	K	E	A	T	R	N	M	I	S
S	E	L	U	T	T	S	B	H	V	T	A	R	R	S
T	L	I	S	I	E	S	M	A	A	B	I	E	H	A
O	I	K	K	V	L	O	I	I	D	S	R	A	P	D
N	A	S	A	I	T	T	N	L	R	A	M	A	D	S
E	B	E	N	E	H	O	H	A	I	M	N	I	S	D
S	R	G	M	G	H	M	E	A	A	H	A	I	A	S
G	C	L	I	T	J	L	A	H	D	R	P	V	B	I
J	E	E	A	B	R	G	F	I	F	U	I	R	M	A
H	H	G	A	A	A	W	L	A	L	D	J	E	K	B

Puzzle #26

B	A	T	T	L	E	S	S	O	L	F	X	L	S	E
R	F	N	S	E	E	Y	S	H	C	D	E	M	S	M
B	F	E	O	N	M	C	C	E	J	H	E	I	E	A
V	L	M	C	O	E	P	Z	L	N	O	R	A	R	A
D	I	G	E	A	L	A	T	G	O	K	T	I	T	G
R	C	D	T	R	A	D	Y	A	I	U	R	R	S	H
E	T	U	N	E	S	V	T	T	T	G	D	A	I	T
D	I	J	E	T	U	E	E	O	A	I	V	S	D	R
E	O	W	P	H	R	R	I	N	N	T	O	F	J	O
M	N	X	J	G	E	S	Z	E	G	A	P	N	D	U
P	U	I	P	U	J	I	W	M	I	E	I	Y	O	B
T	D	Y	R	A	T	T	J	E	D	D	A	D	G	L
I	E	F	Q	L	X	Y	L	N	N	M	W	N	I	E
O	J	V	I	S	I	T	A	T	I	O	N	B	C	M
N	I	A	R	W	J	E	Z	R	E	E	L	I	V	E

Puzzle #27

C	S	T	O	N	E	S	T	R	A	D	A	S	S	U
A	G	A	Q	X	N	Q	U	I	V	E	R	W	T	D
P	N	R	Z	R	O	T	G	H	K	E	Y	O	D	T
T	I	E	U	U	E	Z	L	G	L	T	H	R	W	Z
I	L	B	Q	O	G	N	V	K	F	M	Q	R	A	S
V	S	S	P	M	R	T	C	E	S	M	H	A	S	H
I	K	G	D	R	E	U	O	E	L	E	A	X	L	I
T	O	J	O	A	B	Y	R	Q	L	K	N	I	F	E
Y	O	N	J	O	A	A	O	M	V	N	D	W	P	L
W	H	R	W	B	H	P	E	I	S	H	S	S	U	D
T	V	R	C	S	Y	T	J	T	E	R	T	S	L	S
Q	N	C	W	H	S	R	U	H	O	F	A	A	I	U
C	P	O	B	R	E	F	Y	L	I	K	V	E	O	Z
H	L	K	B	Z	Y	S	F	L	A	M	E	W	P	P
P	R	U	N	I	N	G	H	O	O	K	S	P	S	S

Puzzle #28

S	L	N	X	D	T	S	A	P	L	R	U	F	D	A
Y	E	S	M	C	T	J	R	L	E	A	R	S	I	W
U	O	L	H	E	P	O	Z	Q	M	T	G	L	C	I
N	J	C	P	A	D	A	E	J	A	B	E	Z	Y	Z
W	G	H	A	I	N	F	H	A	H	D	C	R	H	P
D	E	I	G	I	C	N	H	T	A	I	A	D	A	O
N	M	A	D	S	N	S	A	N	R	M	T	V	J	R
I	L	O	D	E	I	A	I	H	B	A	J	W	I	Y
L	R	V	Y	L	O	E	M	D	A	O	M	C	L	D
B	Y	U	E	T	L	N	E	B	H	D	H	J	E	B
P	S	A	M	S	O	N	R	N	O	M	O	L	O	S
A	U	H	S	O	J	R	E	X	A	R	O	C	E	R
U	V	L	A	P	P	I	J	N	C	A	A	S	I	H
L	A	Q	P	A	S	U	R	I	A	J	O	B	E	W
B	C	A	N	D	Y	J	Q	F	Q	A	V	J	Y	S

Puzzle #29

L	F	Z	E	W	E	E	U	L	F	X	V	W	H	R
F	E	F	A	R	R	G	S	O	A	P	T	U	R	F
R	M	S	V	N	T	G	P	U	C	A	B	E	V	E
C	H	W	S	O	R	I	M	O	R	N	H	G	K	Q
R	S	P	G	E	L	D	N	A	C	C	L	A	M	P
R	I	U	A	A	V	W	A	S	T	E	C	T	S	T
C	D	S	N	R	P	J	P	I	F	O	A	T	W	G
Z	E	W	O	L	L	I	P	D	E	B	M	O	T	K
J	F	Z	O	L	C	O	H	C	L	I	O	P	J	F
B	L	K	P	E	E	S	U	E	R	N	Y	B	B	C
W	A	C	S	H	E	V	T	R	E	F	F	U	N	S
E	E	K	N	W	R	M	O	D	P	K	I	I	W	X
J	M	C	I	I	S	R	P	H	O	L	B	Y	R	Q
D	X	N	J	N	K	K	Y	H	S	T	G	Z	F	E
Q	G	Y	P	E	G	L	F	M	T	S	P	O	G	N

Puzzle #30

B	C	T	D	W	X	G	C	A	K	P	N	W	S	D
A	F	I	R	K	I	N	Q	L	Z	S	E	L	I	M
R	M	S	R	T	A	L	E	N	T	L	S	D	Q	W
M	Q	H	N	A	G	M	E	A	S	U	R	E	W	C
U	C	E	C	P	D	N	T	P	S	A	C	N	F	B
G	R	K	S	A	R	E	I	S	C	Y	U	A	U	D
I	C	E	T	C	R	L	E	H	S	U	B	R	F	Q
Y	A	L	M	E	G	D	M	R	T	E	I	I	O	E
H	A	F	M	O	F	A	X	O	K	R	T	U	M	S
Y	I	O	U	A	H	E	N	A	M	E	A	S	Q	V
U	F	P	T	R	H	A	H	P	E	D	W	F	Z	V
M	E	H	Q	B	L	R	Z	L	R	A	N	I	M	V
T	O	T	C	W	X	O	R	A	T	N	X	U	G	S
M	J	A	I	L	L	C	N	N	H	Z	P	C	O	R
E	B	B	I	M	H	S	P	G	J	K	V	I	L	P

Puzzle #31

W	T	D	A	M	A	S	C	U	S	X	E	N	R	G
H	H	A	N	A	N	I	A	S	L	L	Y	S	N	A
I	G	Y	Z	E	B	B	E	U	P	A	L	I	T	S
G	I	V	P	U	M	L	A	I	R	A	N	H	M	T
H	L	U	S	E	H	S	C	P	U	E	G	X	D	O
P	T	T	R	C	R	S	R	G	T	I	W	E	A	N
R	H	R	E	D	I	S	H	A	S	I	Y	L	Y	I
I	E	E	T	D	X	T	E	Z	N	E	Z	L	S	S
E	P	M	T	I	E	R	A	C	N	E	H	E	M	H
S	R	B	E	R	H	R	S	R	U	O	V	F	D	E
T	I	L	L	T	I	A	U	A	U	T	I	A	S	D
C	C	I	R	S	D	O	S	S	A	D	E	S	E	A
O	K	N	E	U	J	L	E	D	H	I	M	S	I	H
V	S	G	J	N	N	X	J	E	M	U	O	H	T	V
E	E	R	H	T	S	N	I	A	G	A	K	C	I	K

Puzzle #32

Y	C	E	H	P	O	R	P	R	E	A	C	H	E	R
A	Q	O	R	I	I	Z	N	G	P	F	G	J	X	F
C	H	A	I	S	S	E	M	N	E	W	L	I	F	E
C	T	Q	W	T	S	Q	C	O	E	H	J	M	I	G
E	R	A	N	O	N	N	A	I	P	O	I	H	T	E
P	E	E	H	T	F	Z	H	T	Y	O	D	O	V	X
T	S	C	R	O	L	L	B	A	P	T	I	S	M	P
A	E	W	I	I	B	P	W	V	E	A	L	H	X	L
N	D	A	N	R	K	A	D	L	E	K	Y	H	Q	A
C	Q	T	J	A	T	D	R	A	E	Q	V	A	P	I
E	T	E	F	H	O	L	Y	S	P	I	R	I	T	N
I	J	R	G	C	I	V	Y	X	I	V	L	A	N	A
E	Q	U	E	S	T	I	O	N	S	I	V	S	D	Z
S	A	I	G	S	E	S	R	O	H	S	L	I	Z	A
C	P	E	D	I	S	C	I	P	L	E	I	N	L	G

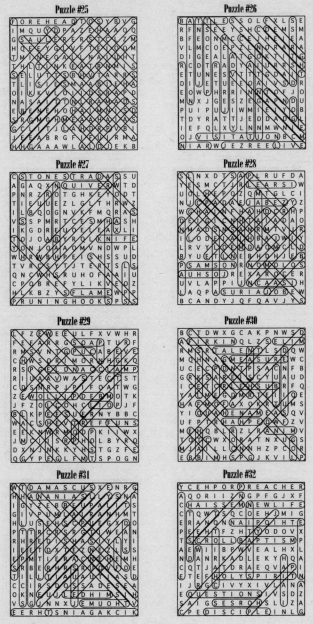

Puzzle #33

H	A	P	R	O	V	U	V	B	A	N	Y	H	N	F
K	Q	N	A	E	C	W	B	R	A	F	J	A	Q	H
W	H	V	M	X	H	A	R	O	B	E	D	D	H	A
N	A	C	A	A	M	T	M	M	Z	E	E	V	E	R
I	E	E	T	I	B	U	S	E	B	O	L	L	V	O
X	X	W	R	P	C	A	R	E	U	W	I	M	M	P
J	V	I	U	H	I	E	H	H	G	S	L	A	X	P
L	A	L	A	E	L	C	A	A	H	W	A	B	N	I
M	W	L	E	H	O	G	W	E	R	A	H	H	R	Z
D	B	H	G	J	A	H	B	L	J	U	R	U	E	K
F	S	I	U	R	U	A	L	O	I	Q	T	Z	B	R
W	A	Q	L	T	L	D	I	N	A	H	O	E	E	J
G	R	A	C	H	E	L	I	A	G	I	B	A	K	I
M	A	H	S	L	A	U	G	T	H	U	H	H	A	M
B	H	A	B	I	Z	H	P	E	H	Y	O	Q	H	Y

Puzzle #34

D	N	O	S	A	E	S	I	D	N	V	E	T	A	H
E	C	N	E	L	I	S	A	T	N	A	L	P	N	O
Q	A	V	E	C	N	A	D	V	M	E	C	A	E	P
I	L	B	R	H	G	B	Q	N	I	A	R	F	E	R
V	A	O	Q	Y	E	N	E	V	A	E	H	W	O	A
P	E	E	W	I	S	R	V	T	U	I	A	B	H	W
E	H	X	E	M	O	P	A	M	K	D	L	V	G	B
E	V	W	S	C	L	L	I	K	X	O	U	I	U	Y
K	V	X	H	U	V	R	S	C	V	R	N	I	A	G
K	R	E	C	A	R	B	M	E	Q	Y	L	U	L	R
N	L	K	Y	K	N	N	N	U	F	D	G	W	K	E
I	R	W	B	E	A	H	I	R	X	S	K	O	N	H
K	R	U	T	P	B	E	N	W	O	D	C	R	T	T
S	E	N	O	T	S	R	P	R	P	B	Y	H	D	A
Y	F	X	K	M	R	P	R	S	R	A	E	T	K	G

Puzzle #35

A	N	B	H	A	L	E	S	U	H	T	E	M	C	S
M	B	O	A	R	D	N	K	U	C	R	M	R	E	U
O	N	A	R	P	E	R	E	Z	O	Q	A	T	N	K
N	O	Z	E	H	E	J	L	Z	N	M	H	A	O	N
U	H	D	T	A	M	L	A	D	E	R	A	J	S	A
N	S	U	C	Z	W	J	E	S	S	E	L	Z	H	H
B	H	I	J	A	C	O	B	G	U	R	E	S	D	O
A	A	B	U	D	P	R	A	Z	A	E	L	E	B	R
D	N	A	D	D	A	S	A	L	M	O	N	E	G	N
A	C	K	A	M	H	C	H	X	Z	A	D	O	K	O
N	E	E	H	E	A	J	J	E	S	U	S	I	M	M
I	P	N	M	B	Z	D	U	I	L	E	A	S	A	O
M	L	A	M	E	C	H	D	I	V	A	D	A	I	L
M	D	N	H	R	Z	S	A	B	R	A	H	A	M	O
A	K	I	M	I	K	A	I	L	E	A	X	C	L	S

Puzzle #36

D	A	M	A	S	C	U	S	O	M	T	A	P	Y	X
A	R	E	A	H	P	A	T	L	A	M	E	H	A	P
P	A	H	E	V	E	N	I	N	E	O	N	I	L	E
P	R	E	E	J	W	T	O	L	L	A	G	L	I	G
O	A	L	I	R	P	L	A	P	J	B	I	I	O	E
J	T	H	G	Y	Y	S	H	O	L	I	H	S	A	T
S	R	T	G	B	U	T	B	E	R	E	A	T	D	H
H	O	E	A	R	H	C	O	I	T	N	A	A	I	S
E	A	B	E	T	H	A	N	Y	Y	R	D	B	A	E
C	S	J	E	R	I	C	H	O	S	E	N	I	S	M
H	A	D	O	Z	O	A	R	U	R	A	A	R	H	A
E	O	N	L	R	N	M	S	B	S	N	I	U	T	N
M	S	M	A	B	D	F	E	U	I	B	N	U	E	E
S	A	M	A	R	I	A	S	S	Y	R	I	A	B	N
E	E	L	I	L	A	G	N	A	Z	A	R	E	T	H

Puzzle #37

L	A	K	E	S	R	E	V	I	R	G	R	E	A	T
S	T	R	E	A	M	S	T	I	L	L	L	L	E	W
A	W	A	Y	D	B	C	J	N	O	H	I	G	L	I
B	S	Q	F	C	A	F	O	S	H	A	U	G	I	D
U	M	E	D	I	T	E	R	R	A	N	E	A	N	E
N	I	U	E	S	R	V	D	A	G	L	J	L	O	J
D	G	P	E	T	O	E	A	N	P	T	T	I	H	A
A	H	H	P	E	R	G	N	I	V	I	L	L	S	B
N	T	R	O	R	C	I	L	I	C	I	A	E	I	B
C	Y	A	S	N	I	A	T	N	U	O	F	E	K	O
E	T	T	O	R	O	N	T	E	S	Z	L	C	F	K
Z	G	E	N	N	E	S	A	R	E	T	S	D	T	A
U	L	S	O	V	E	R	F	L	O	W	I	N	G	N
C	H	I	N	N	E	R	E	T	H	N	O	N	R	A
A	P	P	O	J	A	Z	E	R	K	M	A	R	A	H

Puzzle #38

I	N	T	E	R	C	E	S	S	I	O	N	G	P	L
G	N	H	G	E	O	W	I	S	D	O	M	E	B	O
N	O	A	N	S	N	F	A	Y	I	R	T	C	R	N
O	I	N	I	T	F	A	S	I	A	I	A	N	E	G
S	T	K	S	O	E	S	K	E	T	R	H	A	A	I
S	C	S	N	R	S	T	H	I	E	G	O	D	D	N
E	E	G	A	A	S	I	O	H	E	A	L	I	N	G
N	T	I	E	T	I	N	F	N	R	X	G	U	T	N
E	O	V	L	I	O	G	L	I	F	E	D	G	R	I
V	R	I	C	O	N	O	I	S	S	I	M	B	U	S
I	P	N	S	N	O	I	T	A	R	O	D	A	S	S
G	I	G	J	I	V	Y	D	D	H	S	A	M	T	E
R	E	W	O	P	V	N	R	N	E	J	E	V	O	L
O	O	I	Y	N	O	O	E	G	L	O	R	Y	U	B
F	E	L	L	O	W	S	H	I	P	R	A	I	S	E

Puzzle #39

M	O	U	R	N	I	N	G	B	L	O	O	D	G	T
I	S	E	L	C	A	N	R	E	B	A	T	E	X	E
R	E	H	T	S	E	S	V	T	M	L	C	L	G	M
U	W	G	F	P	I	H	S	R	O	W	E	I	N	P
P	E	N	T	E	C	O	S	T	O	S	L	V	U	L
E	E	I	T	A	E	H	W	E	N	T	E	E	N	E
N	K	R	P	C	N	P	X	R	C	E	B	R	L	C
I	S	E	Y	S	O	L	E	M	N	P	R	A	E	I
T	K	F	G	G	A	V	K	H	A	M	A	N	A	F
E	H	F	E	X	O	D	U	S	B	U	T	C	V	I
N	O	O	M	S	T	H	G	I	L	R	E	E	E	R
C	L	T	S	E	V	R	A	H	B	T	E	Z	N	C
E	Y	A	T	O	N	E	M	E	N	T	B	A	E	A
O	P	R	O	M	I	S	E	D	R	L	A	N	D	S
M	E	M	O	R	I	A	L	H	T	A	B	B	A	S

Puzzle #40

Q	U	N	A	T	R	A	K	A	R	T	A	H	P	B
S	U	S	E	H	P	E	E	I	M	A	X	J	E	G
T	R	I	B	E	D	Y	D	N	V	L	M	Z	R	E
G	A	Z	A	E	Q	R	E	N	A	A	E	E	G	Z
E	I	S	C	O	O	K	S	I	H	R	H	F	A	E
B	R	M	O	M	B	D	H	J	B	O	O	A	M	R
A	A	I	E	H	G	A	M	Y	B	G	L	H	O	A
N	M	A	W	L	N	R	B	U	T	M	P	O	S	E
R	A	Z	P	O	A	R	D	Y	O	E	H	I	N	C
Y	S	L	E	M	N	S	I	N	L	C	S	S	J	I
M	K	B	O	Y	O	Q	U	T	I	O	M	X	I	D
S	I	T	G	G	R	Z	D	R	T	Y	N	S	M	O
G	H	Z	O	Q	B	X	E	F	E	A	Z	I	Z	A
I	Y	X	B	B	E	J	W	G	M	J	J	U	R	L
Z	D	V	A	I	H	P	L	E	D	A	L	I	H	P

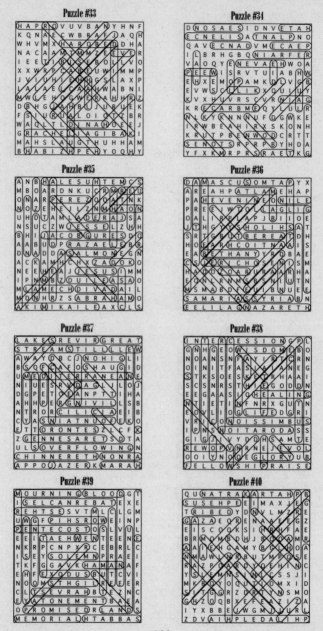

Puzzle #41

J	G	H	E	L	I	S	H	A	H	I	P	S	C	C
D	J	A	G	S	Y	M	I	S	U	R	H	T	A	P
H	O	M	H	E	A	P	V	E	P	Y	C	P	S	M
A	H	R	P	B	T	R	A	A	M	A	H	M	L	B
L	Z	A	M	A	O	H	H	C	P	T	E	I	U	Y
A	T	G	L	I	R	F	E	C	O	M	T	M	H	M
S	X	O	D	T	N	M	K	R	E	N	H	A	I	I
A	L	T	A	R	S	H	I	S	H	B	A	N	M	B
S	I	I	U	O	F	M	H	H	H	R	A	A	G	A
H	M	B	V	B	K	G	A	T	U	D	K	G	Q	H
K	I	T	T	I	M	V	T	D	O	T	B	I	L	E
E	D	N	O	D	I	S	B	D	I	H	H	U	R	L
N	U	X	U	L	P	O	A	H	T	A	H	P	I	R
A	L	M	A	S	H	R	S	Y	L	G	R	U	A	D
Z	U	H	U	Q	S	A	B	T	E	C	H	A	H	N

Puzzle #42

F	T	C	P	U	R	E	H	D	E	T	F	I	L	S
P	U	P	P	E	R	C	H	A	M	B	E	R	G	T
R	O	L	S	T	N	E	M	R	A	G	G	H	A	A
E	H	P	L	S	A	I	N	T	S	T	N	B	V	O
S	G	A	L	O	P	E	T	E	R	A	I	D	E	C
E	U	L	D	Y	F	U	L	C	P	T	P	E	H	E
N	O	M	E	W	D	G	T	P	H	R	E	Y	I	H
T	R	S	L	I	J	D	O	A	I	S	E	A	S	T
E	H	D	E	D	B	J	A	O	S	C	W	R	H	G
D	T	E	E	O	Q	R	G	A	D	E	S	P	A	N
A	N	E	N	W	I	D	I	E	D	W	H	I	N	I
L	W	D	K	S	A	C	R	O	D	K	O	S	D	W
I	O	S	E	N	T	T	W	O	M	E	N	R	N	E
V	N	N	K	C	I	S	S	A	W	E	H	S	K	H
E	K	O	P	E	N	E	D	H	E	R	E	Y	E	S

Puzzle #43

N	R	W	Y	Z	V	J	Z	Y	E	L	R	A	B	H
R	E	B	G	C	M	Y	M	S	W	O	L	L	A	F
H	A	G	N	I	H	S	E	R	H	T	K	E	Z	A
J	P	E	I	B	I	N	D	I	N	G	K	V	G	P
K	I	L	W	D	E	W	O	N	N	I	W	O	L	P
V	N	K	O	H	W	O	R	R	A	H	A	H	E	L
D	G	C	S	W	O	P	G	F	E	F	T	S	A	O
Q	T	I	P	W	I	K	A	A	H	S	E	S	N	P
H	H	S	C	E	S	N	T	J	O	Y	R	S	I	L
P	G	D	N	U	O	R	G	R	A	I	N	I	N	F
X	U	L	B	W	X	U	F	U	R	R	O	W	G	A
B	O	E	H	A	R	V	E	S	T	J	D	D	H	E
K	R	I	L	N	R	O	C	I	M	O	W	E	R	H
M	D	F	Y	M	F	N	B	S	E	V	A	E	H	S
W	T	B	Y	G	L	E	N	I	M	A	F	S	G	H

Puzzle #44

G	R	Q	A	I	Z	N	E	M	S	T	F	A	R	C
D	R	M	W	A	R	E	T	N	E	P	R	A	C	B
U	E	S	H	T	I	M	S	R	E	V	L	I	S	A
H	N	E	T	G	M	W	Y	S	A	C	Y	Y	P	R
T	N	A	I	C	I	S	Y	H	P	O	S	O	J	B
I	A	V	M	R	M	Q	R	S	M	I	T	H	K	E
M	T	P	S	M	R	E	N	I	F	E	R	E	V	R
S	E	I	R	E	N	O	I	T	C	E	F	N	O	C
D	C	E	E	R	E	K	L	A	C	O	O	K	R	Z
L	A	X	P	R	E	T	R	O	P	O	U	V	E	I
O	R	E	P	P	G	Y	J	O	J	G	N	C	K	Q
G	V	Z	O	N	K	B	R	E	N	E	D	R	A	G
P	E	U	C	B	E	F	D	E	Y	L	E	T	B	G
L	R	E	L	L	U	F	I	S	H	E	R	M	E	N
A	W	E	A	V	E	R	E	V	A	R	G	N	E	N

Puzzle #45

S	E	C	I	P	S	G	J	S	G	A	Y	M	N	K
C	D	O	G	E	I	B	J	K	O	E	A	D	S	T
K	L	S	N	Q	N	E	N	I	L	E	N	I	F	O
X	Y	O	R	Y	V	R	V	N	D	P	L	L	S	P
X	T	V	T	Z	X	Y	D	S	E	V	U	O	G	A
S	J	G	R	H	Q	L	A	R	E	V	L	O	N	Z
S	A	S	P	I	N	N	E	R	S	V	S	W	I	M
R	S	F	S	E	L	C	N	U	B	R	A	C	R	S
E	P	C	K	D	N	O	F	G	E	L	P	W	R	R
V	E	R	I	N	G	S	L	V	N	B	P	Z	A	E
A	R	H	L	H	X	R	A	W	A	V	H	V	E	L
R	A	U	L	I	O	E	X	I	M	Y	I	E	J	E
G	F	H	S	P	W	K	T	S	I	T	R	A	G	W
N	V	E	M	E	R	A	L	D	S	I	E	K	R	E
E	T	A	G	A	W	B	R	A	S	S	K	J	I	J

Puzzle #46

L	A	S	T	H	C	N	A	R	B	O	T	N	N	H
E	P	N	A	H	P	L	A	I	N	R	Y	J	O	E
U	N	C	O	A	O	T	R	A	U	T	U	L	S	A
N	K	C	M	I	S	I	Z	T	H	D	Y	S	L	D
A	E	L	E	S	T	A	H	G	G	O	X	A	Y	R
M	C	M	G	S	R	C	I	E	J	R	M	V	W	O
M	N	Q	A	E	L	M	E	G	F	B	O	I	Q	N
E	I	C	N	M	L	U	F	R	E	D	N	O	W	R
P	R	E	S	A	D	I	E	G	R	H	P	R	D	E
W	P	R	U	R	R	M	G	O	R	U	L	E	R	V
V	O	J	I	S	E	V	L	D	G	F	S	H	I	O
E	R	R	T	E	G	N	T	N	A	V	R	E	S	G
F	S	G	D	B	H	D	I	T	E	H	P	O	R	P
I	J	E	S	U	S	K	J	V	M	O	D	S	I	W
L	R	O	C	K	S	R	E	R	E	V	I	L	E	D

Puzzle #47

A	M	R	A	M	O	U	N	T	R	T	F	L	A	C
L	E	V	H	A	R	O	P	P	I	Z	L	P	E	S
D	R	E	H	P	E	H	S	Y	E	R	E	D	K	S
F	K	I	L	L	S	O	N	G	N	S	E	A	O	E
C	O	M	M	A	N	D	M	E	N	T	S	P	P	N
O	D	L	O	G	I	E	T	L	A	N	D	R	S	R
V	U	Z	A	U	R	B	A	S	K	E	T	O	D	E
E	S	R	A	E	H	E	N	A	I	D	I	M	A	D
N	S	E	E	S	B	H	S	U	B	D	A	I	E	L
A	L	P	Q	N	P	C	Y	J	U	I	N	S	L	I
N	E	B	O	O	C	O	T	Z	R	H	I	E	I	W
T	G	L	O	R	Y	J	R	L	N	N	S	D	N	P
W	A	P	H	A	R	A	O	H	I	S	P	I	E	S
W	L	D	E	A	T	H	F	F	N	S	A	V	E	D
F	I	R	S	T	B	O	R	N	G	E	K	O	R	B

Puzzle #48

J	S	L	L	Z	T	E	H	P	O	R	P	I	J	L
E	L	E	R	E	N	I	M	A	F	J	P	N	U	A
S	E	A	E	C	A	H	A	I	R	U	T	O	D	H
S	U	R	I	Y	N	A	I	C	I	S	U	M	A	C
E	M	S	G	C	E	R	G	N	I	K	N	O	H	I
F	A	I	N	R	V	P	D	M	Y	U	I	L	P	M
A	S	Y	L	E	O	A	L	T	A	R	T	O	R	E
S	B	A	U	M	C	A	R	A	W	V	E	S	A	L
P	P	R	A	I	S	E	B	K	Z	J	D	L	Y	A
I	V	P	S	P	H	I	L	I	S	T	I	N	E	S
R	E	J	O	N	A	T	H	A	N	X	L	O	R	U
I	T	O	N	G	O	L	I	A	T	H	O	R	T	R
T	T	Y	G	C	O	U	R	A	G	E	V	B	H	E
A	B	E	H	S	H	T	A	B	F	L	E	E	S	J
L	Z	R	T	E	M	P	L	E	N	A	T	H	A	N

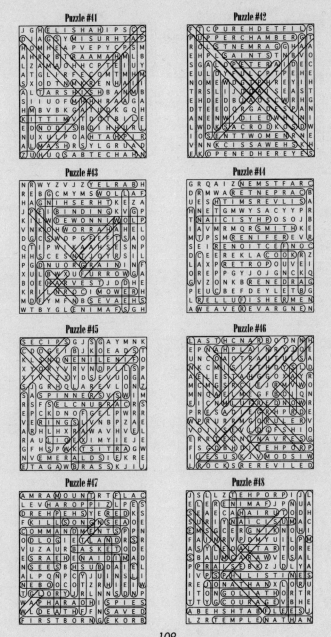

Puzzle #49

H	E	R	O	M	F	O	L	L	I	H	K	R	Q	W
H	N	N	I	T	T	A	H	N	R	A	K	E	D	T
W	U	A	S	E	F	O	T	M	Z	I	O	N	Q	O
K	N	O	P	P	G	M	F	U	E	R	Q	N	A	U
C	M	O	N	H	Q	I	P	S	M	O	O	M	S	D
A	I	E	N	R	T	Z	L	A	A	M	A	I	I	O
T	R	B	A	A	L	A	H	E	R	M	N	Z	D	Q
Y	A	O	E	I	B	R	L	E	A	A	A	I	H	L
P	B	B	M	M	E	E	H	I	I	D	N	R	Y	C
D	A	E	O	Y	M	P	L	H	M	G	S	E	I	R
L	P	N	T	R	A	O	B	L	I	G	J	G	Y	A
M	B	P	A	H	G	H	B	E	R	O	H	U	E	U
W	H	C	S	I	E	U	U	Z	A	T	N	O	V	T
P	H	C	M	O	O	L	I	V	E	S	D	G	Y	I
A	B	E	K	G	N	J	L	Q	J	I	Q	N	R	P

Puzzle #50

B	A	T	H	S	H	E	B	A	M	R	A	M	W	Z
A	B	R	H	A	A	L	L	I	C	S	I	R	P	A
S	R	O	I	T	R	A	B	I	G	A	I	L	S	C
R	A	M	C	H	U	O	V	H	Z	R	D	L	T	H
B	H	I	F	A	P	R	P	S	A	A	E	E	S	A
P	A	C	N	A	J	P	I	P	N	K	B	V	C	R
N	M	H	D	A	A	K	A	A	I	H	E	E	S	I
K	Q	A	A	S	N	Q	B	S	H	Z	H	B	T	A
Y	M	L	Q	P	U	A	K	O	I	E	C	S	E	H
P	B	Y	C	I	L	L	S	R	E	M	O	G	W	R
S	D	I	L	A	L	E	B	E	Z	E	J	F	I	U
J	V	A	B	H	A	R	A	S	H	A	L	L	T	G
I	H	T	V	M	O	S	E	S	X	Z	O	A	B	Q
O	W	H	U	I	P	M	I	F	N	Y	S	B	Y	O
L	T	W	Q	D	D	D	N	S	V	T	O	L	S	A

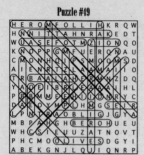